JN104647

ちょっとていねい、
すごくおいしい

洋風だしレシピ

イルマーレ
オーナーシェフ
依田隆

あさ出版

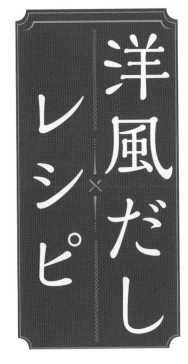

洋風だし の世界へ ようこそ！

「だし」とは肉や野菜、
乾物などを煮出した
「だし汁」のこと。

だしの役割は
「旨み」と「コク」を
プラスすること。

【あさりだし】で
「大根と柚子のスープ」（p74）を。

【鶏だし】で
「豚バラと舞茸のフリカッセ」(p52) を。

みなさん、こんにちは。イルマーレの依田 隆です。

「だしが味の決め手です」と言われたら、
どんな「だし」を思い浮かべますか？

われわれ日本人が慣れ親しんでいるのは、
かつおだし、昆布だし、椎茸だし、煮干しだし……など、
和食に欠かせない「だし」ですよね。

でも、西洋料理にも中華料理にも「だし」の概念はあるのです。
フランスのフォンやブイヨン、中国の湯《タン》……
そしてイタリアのブロードです。

和食の「だし」は時間の経過とともに味の劣化が進みますが、
洋風だしは、時間をかけて煮出しているため、保存できるというのも魅力。
今回は、私がふだんから使っている【鶏だし】と【あさりだし】、
この2種類を家庭料理にいかすコツをお伝えいたします。

イルマーレ
オーナーシェフ
依田 隆

あさりだし

あさりだし

たっぷりの湯で、あさりを静かに煮出したもの。
コハク酸を多く含み、酸味と苦味がちょうどよい
バランスの味わい、コク深さを出してくれる。
用意するあさりの大きさは問わない（小さくてもよい）。

依田シェフ直伝

鶏だしと

鶏だし

鶏ガラともみじ（鶏足）を煮出したもの。
イノシン酸とグルタミン酸がたっぷりで、
旨みの奥行きが深い。
鶏ガラ、もみじともにネット通販で購入できる。

――キャベツ料理2種を食べ比べ！

あさりだし

「同じ食材の2皿ですが、味わいはまったく異なります」

シャキッとキャベツは【あさりだし】で！

【あさりだし】と【鶏だし】の味わいの違いを如実にあらわす

鶏だし

クタッとキャベツは
【鶏だし】で！

——その秘密は【洋風だし】の違いにあるのです。

シャキッとキャベツの、ほんのり焼き目の香ばしさを【あさりだし】が引き立てる！

すっきり澄んでいながらも、
奥行きの広がる旨みがある【あさりだし】。
キャベツの食感をいかしたソテーによく合います。

◎材料（1皿分）

あさりだし	60mℓ
キャベツ	1/6個
バター	10g
タイム	1枝

◎つくり方

1 キャベツは芯をつけたまま、細めのくし形切りにする。

2 フライパンにバターを熱し、キャベツを焼く。少し焼き目が付いたら、ひっくり返す。

3 キャベツの全面に焼き目が付いたら【あさりだし】を加える。
香り付けとして、タイムとバターを入れてさらに火にかける。

クタッとキャベツの、まろやかな風味と食感を【鶏だし】が引き立てる！

食材の旨みを倍増させる【鶏だし】。
茹でたキャベツならではの、
ほのかな甘みを強調します。

◎材料（1皿分）

鶏だし……………………30〜40mℓ
キャベツ……………………………50g
塩……………………ひとつまみ
黒胡椒（ホール状を粗く砕いたもの）……適量
粉チーズ……………………………12g
オリーブオイル　……………大さじ1

◎つくり方

1 鍋にたっぷりの湯（分量外）を沸かし、食べやすい大きさにちぎったキャベツを3〜4分ほど茹でる。

2 フライパンにオリーブオイル、黒胡椒を入れ火にかけて、1のキャベツ、【鶏だし】、塩ひとつまみを加えて、軽く和える。

3 器に盛り付け、粉チーズをふる。

どちらも「茹でたブロッコリー」です。まずは、ひと口、頬張ってください。

◎材料（1皿分）

あさりだし	30mℓ
ブロッコリー	50g
塩（下茹で用）	少々
バター	少々
ケッパー（酢漬け）	6粒
イタリアンパセリ	ひとつまみ

◎つくり方

1 鍋にたっぷりの湯（分量外）を沸かし、茎を切り落とし小房に分けたブロッコリーを1分30秒茹でる。
＊塩気をほんのり感じる程度のお湯で茹でる。

2 フライパンでバターを熱して「焦がしバター」にし、ケッパーを入れて、ケッパーの香りが立ってきたら【あさりだし】を加え、ひと煮立ちさせる。

3 ブロッコリーを加えてからめ、細かく刻んだイタリアンパセリも合わせる。

茹でたブロッコリーを【鶏だし】で！

鶏だし

同じブロッコリーなのに、香りとおいしさの違いをおわかりいただけるでしょう。【あさりだし】と【鶏だし】の使い分けをマスターすると、料理の幅がぐんと広がります。

◎材料（１皿分）

鶏だし……………………………15mℓ
ブロッコリー …………………50g
塩（下茹で用）………………… 少々
アンチョビ …………………… 5g
にんにく（みじん切り） ……… 1g
オリーブオイル ………… 小さじ1

◎つくり方

1 鍋にたっぷりの湯（分量外）を沸かし、茎を切り落とし小房に分けたブロッコリーを1分30秒茹でる。
＊塩気をほんのり感じる程度のお湯で茹でる。

2 フライパンでオリーブオイルを熱し、にんにく、細かくさいたアンチョビに火を入れる。香りが立ってきたら、【鶏だし】を加えて、からめるようにしながらブロッコリーを合わせ、温める。

3 器に盛り付け、オリーブオイルをまわしかける。

目次

ちょっとていねい、すごくおいしい
洋風だしレシピ

Contents

あさりだしをとる

step 1 あさりだしの材料と道具を用意する

◎材料

あさり（殻付き）……………………………… 1kg
＊小さめサイズでOK。

水…… あさりがしっかりと浸る分量で（2〜3ℓ程度）
＊鍋の大きさによって増減します。加減して調整を。

◎道具

- バット
- 鍋
- ふた
- レードル（お玉）
- アルミホイルまたは新聞紙
- ザル
- ボウル
- キッチンペーパー
- 氷

［保管・保存のために］

- ファスナー付密閉袋、密閉容器

step 2 あさりの砂を抜く

1 殻の表面の汚れを取り除くため、あさりを両手ではさみ、こすり合わせて水洗いをする。
＊スーパーで入手したものはそれほど汚れていないので、さっと水洗いするだけでOK。

2 バットにあさりを並べ入れる。それぞれが重ならないよう、平たく並べ、「３％濃度の塩水」に浸す。
＊500mℓの水に対し、塩大さじ１程度を加えると海水と同じ３％の塩水になる。

3 アルミホイルや新聞紙などをふたのようにかぶせて、室温で1時間ほどおく。

4 砂抜きしたあさりは、水を捨ててザルにあげ、さらに30分ほどおく。

「だし」をとったあとに、身を佃煮にするため、砂抜きは丁寧に！

step 3 【あさりだし】をとる

1 鍋に、砂抜きしたあさりを入れ、水を注ぎ、強火にかける。

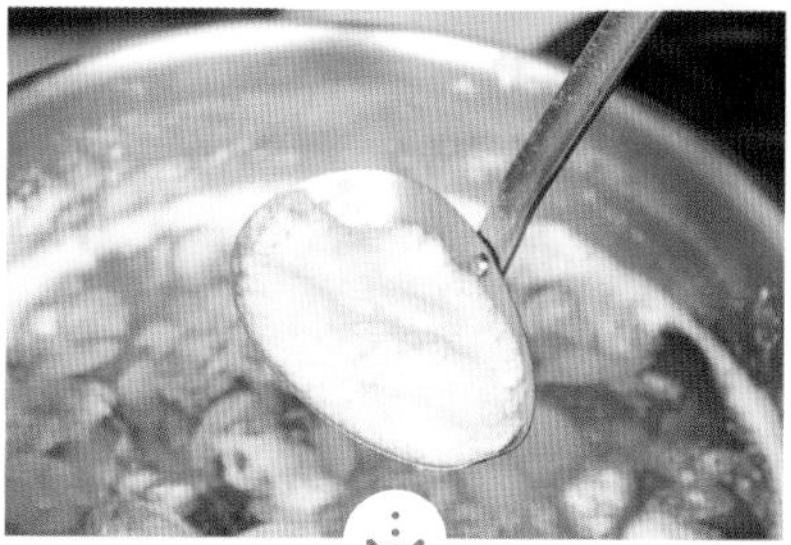

2 沸騰し、アク（写真の白い泡）が出てきたら、レードルなどでていねいに取り除き、
ふたをして、弱火にかける。あさりの口が開いてきたら火を止める。

3 ボウルにザルをおき、汁ごと流し入れ、あさりと汁とに分ける。

«« 続きは「次ページ」へ

4 大きめのボウルに、容器をセットしてキッチンペーパーをおき、そこに3で取り分けた汁を注ぎ、ゆっくりとこす（これが【あさりだし】になる）。

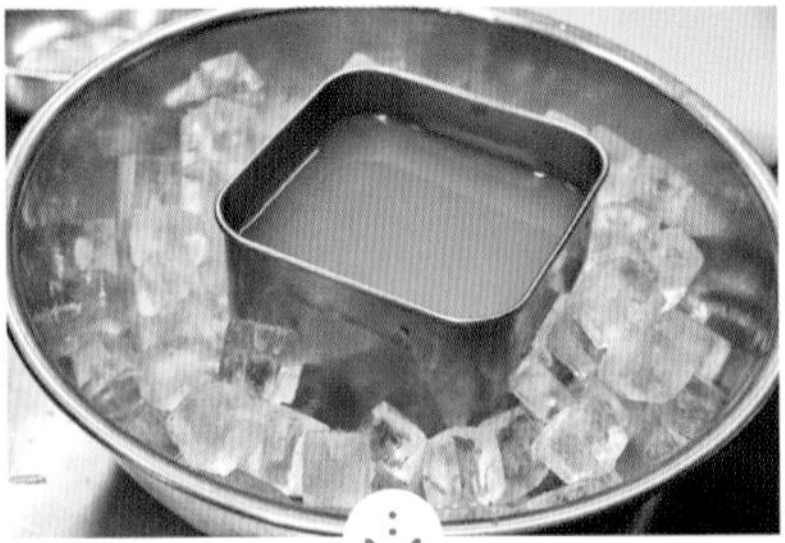

5 容器の外側に氷を敷き詰めて、【あさりだし】を急冷する。少しの隙間を開けてアルミホイルをかぶせるとよい。

6 粗熱が取れたら、保存用の容器に移す。

完成した【あさりだし】を保存する場合は、ファスナー付密閉袋がオススメ。
袋に【あさりだし】を入れたら、ボウルに張った水に浸して空気を抜き、バットにのせて冷凍庫に入れる。

【だし】は空気に触れると劣化の原因に。なるべく真空に近い状態で保存しよう。

コツ 水を溜めたボウルに、8割方口を閉じた密閉袋を入れると水圧で中の空気が抜ける。

あさりだしの保存

冷蔵
- 保存容器に入れて3～4日程度

冷凍
- ファスナー付密閉袋に入れて約1ヵ月程度

だしをとったあとの「あさり」もおいしくいただきます！

あさりの佃煮

おつまみに！　ごはんのおともに！

◎材料

あさり（だしをとり終えたもの）… 1kg分
みりん ……………………………30mℓ
酒……………………………………40mℓ
生姜（うす切り） ……………… 2〜3枚
醤油 ………………………………60mℓ

◎つくり方

1 鍋にすべての材料を入れて中火にかける。

2 煮立ってきたら、ときどきかき混ぜながら煮詰めていく。

3 煮汁が少なくなってきたら、味見をして調味料で味を調える。好みの加減になったらできあがり。

鶏だしをとる

step 1 鶏だしの材料と道具を用意する

◎材料

鶏ガラ……………………………………………1kg
もみじ（鶏足）…………………………………1kg
水………………… 鶏ガラ、もみじがしっかりと浸る
分量で（2〜3ℓ程度）

＊鍋の大きさによって増減します。加減して。

玉ねぎ……………………………………………1個
にんじん………………………………………1/2本
セロリ…………………………………………1/2本
にんにく…………………………………………2片

◎道具

- 大きめの鍋
- レードル（お玉）
- アルミホイル
- ザル
- ボウル
- フォークまたは魚の骨抜き

［保管・保存のために］

- ファスナー付密閉袋、密閉容器

step 2

鶏ガラともみじの下処理をする

血合いや内臓が残っていると、だしに雑味が出てしまいます。できるだけ取り除いて使いましょう。

冷凍の鶏ガラともみじ（鶏足）を使用する場合は冷凍庫から冷蔵庫に移し、半解凍状態になったら洗いはじめます。

完全に解凍されると、身がだれて（やわらかくなり）、扱いにくくなるのでご注意を。

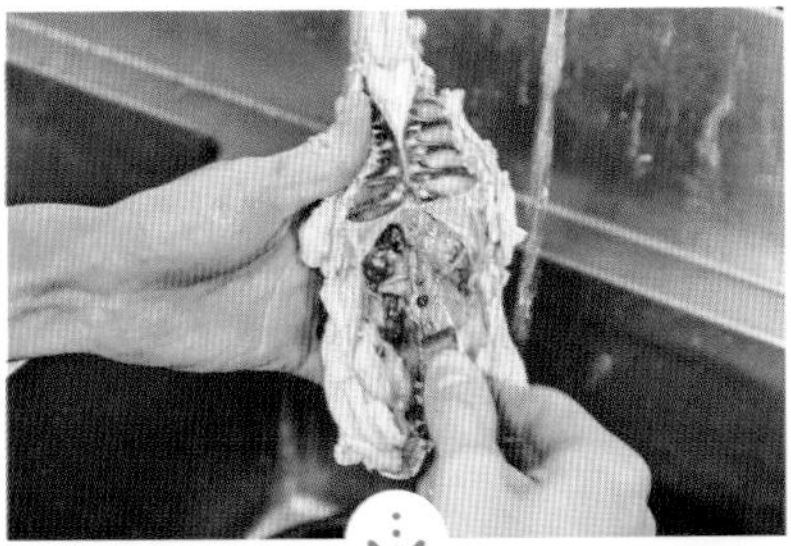

1 鶏ガラ、もみじは流水できれいに洗う。とくに表面の血などを洗い流す。骨にこびりついている血合いは、フォークや魚の骨抜きなどでほじるようにして取り除くとよい。

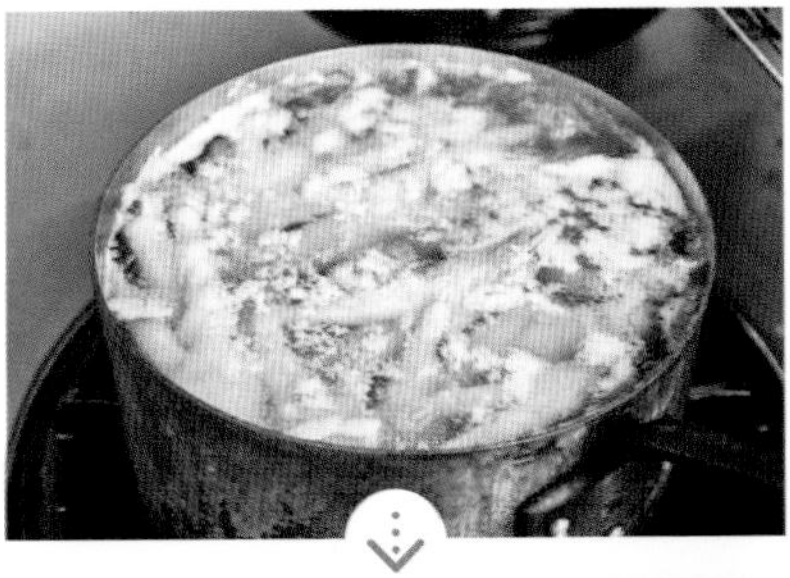

2 大きめの鍋に鶏ガラ、もみじを入れ、素材すべてがきちんとかぶるようにたっぷりの水を加える。強火にかけて沸騰させる。

3 沸騰してしばらくグツグツさせたら茹でこぼす。“茹でこぼす”とは食材を茹でたあとに、茹で汁を捨てることで、余分なアクや臭み、渋み、ぬめりなどを取り除くことができる。

«続きは「次ページ」へ

step 3

【鶏だし】をとる

1　大きめの鍋に、下処理した鶏ガラともみじ、水を入れて強火にかける。沸騰したら中火にして、レードルを使って丁寧にアクを取り除く。アクは雑味の原因になるので、根気よく取り除く。

2　皮をむいた玉ねぎとにんにく、にんじん、セロリを加え、弱火にして3時間ほど煮出す。
アルミホイルをふたのようにかぶせる（鍋とアルミホイルは少し隙間をあける）。

3　3時間ほど煮出し、全体の水分が半量ほどになったら火を止める。

4　大きめのボウルに容器とザルをセットして3を注いでこしたら完成。粗熱がとれたら保存用の容器に移す。

＊鶏ガラ、玉ねぎ、にんにく、にんじん、セロリは処分するが、「もみじ」は煮込みに使う。

鶏だしの保存

冷蔵

●保存容器に入れて3～4日程度

冷凍

●ファスナー付密閉袋に入れて約1ヵ月程度

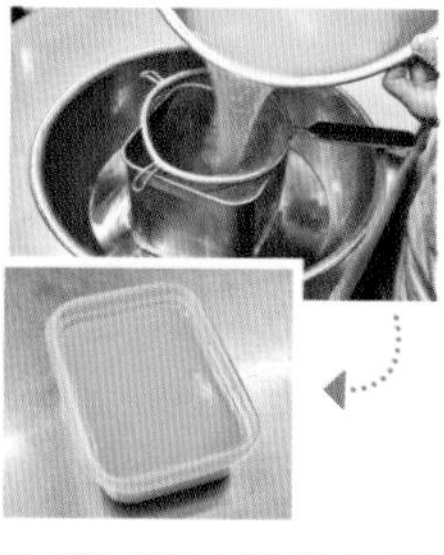

だしをとったあとの「もみじ」もおいしくいただきます！

もみじ煮込み

**“イルマーレ” で人気の
まかないごはん！**

◎材料

もみじ（だしをとり終えたもの）… 1kg分
水…………………………………… 1.4ℓ
みりん ………………………… 100mℓ
生姜（うす切り） ………………… 1枚
長ねぎ（緑の部分） …………… 1本分
酒………………………………… 100mℓ
醤油 …………………………… 120mℓ
上白糖……………………………20mℓ
唐辛子（粉末）………… 小さじ1～2

◎つくり方

1 鍋に、唐辛子以外の材料を入れて中火にかける。煮立ってきたら、ときどきかき混ぜながら煮詰めていく。

2 煮汁が少なくなってきたら、火を止める。唐辛子を加え、味見をして好みの加減になったらできあがり。

【あさりだし】【鶏だし】が用意できました！
さっそく洋風黄金だしを活用してお料理をつくりましょう

本書でご紹介する、依田シェフ直伝の洋風黄金だし――**【あさりだし】【鶏だし】**があれば、野菜も、お肉も、お魚も、あらゆる食材のおいしさをたっぷり味わうことができます。

いっさい添加物が入っていないので、身体にもいいうえに、だし自体にしっかりと旨みもコクもあり、食材が持つ本来の味、おいしさを引き出してくれます。そのため、調味料は味を調える程度、余計な量は使いません。

また、**【あさりだし】**も**【鶏だし】**も、材料を鍋に入れて火にかけておけばいいので、つきっきりで煮出す必要はありません。ほかの作業をしながら、だしをとることができます。

さらに、一度つくってしまえば、冷凍で1カ月保存がきくのも魅力です。

困ったときに取り出して、お料理に使うだけで、茹でただけのキャベツやブロッコリーも、お手軽に、立派な〝ごちそうに仕立てられるので、一度体験してしまうと手放せなくなること間違いなし。

それでは、**【あさりだし】**の絶品レシピ＆**【鶏だし】**の極旨レシピで、**【洋風だしライフ】**をはじめましょう。

【あさりだし】の絶品レシピ18メニュー

【鶏だし】の極旨レシピ26メニュー

この本の決まりごと

●つくる分量は「1皿分（1人分）」を基本としています。

●野菜は特に記載がない場合は水で洗い、皮をむいてから使います。

●きのこ類は洗わず、汚れがあればキッチンペーパーなどでふき取ってから使います。

●分量の「大さじ1」は計量スプーンの大さじ1杯分で15mℓ、小さじ1は同じく小さじ1杯分で5mℓ、レードル（お玉）は約60mℓです。

●分量の「ひとつまみ」は親指・ひとさし指・中指の3本つまんだ程度の量です。

●調味料や粉チーズ、柑橘類の皮などの分量はおおよその目安です。味見をして自分の好みの味に調えてＯＫです。

●使う油はサラダ油、オリーブオイル（エクストラバージンオリーブオイル）です。

●バターは食塩不使用タイプを使います。粉チーズはあらかじめ粉末状になっている市販品を使いますが、パルミジャーノ・レッジャーノチーズの塊を削って利用してもＯＫです。

●加熱調理の火加減はガスコンロ使用を基準にしています。ＩＨ調理器具などの場合は、お使いの機器の表示を参考にしてください。

●各メニューの〈つくり方の番号〉は、調理の工程を示したものです。調理中の写真は、〈つくり方の番号〉と対応しています。

洋風だしの
おつまみ

ちゃちゃっと気楽につくれる
レシピをそろえました。

あさりだし

やみつきジューシー豚バラアスパラ

◎材料（１皿分）

あさりだし ……………………… 60mℓ
豚バラ肉 ………………………… 4枚
アスパラガス …………………… 4本
塩 ………………………………… 適量
小麦粉 …………………………… 適量
サラダ油 ………………………… 適量
バター …………………………… 5g

◎つくり方

1 アスパラガスは根元の固い部分を切り落とし、固い皮もピーラーでむく。
豚肉は片面に、軽く塩をして下味をつける。

2 豚肉を広げ、全体に小麦粉をまぶし、らせん状にアスパラガスに巻く。

3 フライパンでサラダ油を熱し、アスパラガスの全面を中火で焼く。余分な脂が出たら、キッチンペーパーなどでふき取る。

4 【あさりだし】とバターを加え、アスパラガスにからめながら火を入れる。

2

アスパラガスの穂先の部分は残して、豚肉は斜めに巻き付け、巻き終えたら手で軽く握ってなじませる。

3

アスパラガスを焼く途中で、脂が出てきたらキッチンペーパーでふき取る。

4

【あさりだし】を全体にまとわせるように、転がしながら火を入れる。

旨みをアシストする
【あさりだし】にくぐらせながら焼く。
溶けた脂のジューシーさを満喫！

あさりだし

依田流
黄金洋風茶碗蒸し

◎材料（４個分）

あさりだし ……………………………150mℓ
たまご ……………………………………1個
白ワイン ………………………………… 20mℓ
バター ……………………………………… 10g
塩……………………………… ひとつまみ
蟹の身…………… 32g（１個につき8g程度）
＊蟹の身は缶詰でもよい。その際は塩の分量を調整して。

いくら（醤油漬け） …12g(1個につき3g程度)

◎つくり方

1 ボウルにたまごを割り入れ、溶きほぐしたら【あさりだし】と塩を加えて混ぜる。

2 フライパンにバターと白ワインを入れて熱して、溶かしバターをつくり、1と合わせてよく混ぜる。

3 2をザルでこし、器に注ぎ入れる。

4 蒸し器で、2～4分蒸し、蟹の身といくらをトッピングする。

1

【あさりだし】はゆっくりすこしずつ注ぎながら、たまごと混ぜる。

3

卵液の中に泡があると、蒸し上がるときに「す」が立つ原因に。ザルで静かにこして、ひとつの泡もないように。

4

なめらかな口当たりにするため、蒸し時間は2～4分と短め。

たまごと（あさりだし）、そして白ワインで溶かしたバターだけ。だしの旨みが広がるなめらか茶碗蒸し

あさりだし

桜エビと玉ねぎのブルスケッタ

◎**材料（４枚分）**

あさりだし ……………………… 20mℓ
桜エビ……………………………… 80g
玉ねぎ……………………………… 20g
バター ……………………………… 10g
バゲット …………………………… 4枚
にんにく ………………………… 1/2片
オリーブオイル ………………… 少々

◎**つくり方**

1 バゲットを焼き、にんにくを表面に擦り付け、軽くオリーブオイルを塗る。

2 フライパンでバターを熱し、うすくスライスした玉ねぎを軽く炒める。

3 桜エビを入れて炒め、桜エビに火が入ったら【あさりだし】を加えて、汁気がなくなるまで炒める。

4 1のバゲットにのせる。

コツ

バゲットの準備

1 好みの厚さに切ったら、しっかりバゲットを焼く。

2 皮をむいたにんにくをカットし、その断面をバゲットに擦り付ける。

3 表面に、オリーブオイルをうすく塗る。

3

桜エビに火が通りすぎないよう、さっと炒める程度で。

香ばしく焼いたバゲットに、桜エビと【あさりだし】という ふたつの海の恵みがマッチ

なめらかな口当たりと
まろやかな味わいの食べるスープ

鶏だし

アボカドと鶏肉のおつまみスープ

◎材料（1皿分）

鶏だし	80mℓ
アボカド	10g
鶏むね肉	30g
にんにく	1/2片
塩	ひとつまみ
オリーブオイル	適量（ひとまわし程度）

◎つくり方

1 鶏肉は、幅1.5cm程度の棒状に切る。アボカドは、皮をむいて2cm角に切る。

2 フライパンで【鶏だし】と皮をむいたにんにくを熱し、温まったら鶏肉、塩を加え、火が入ったら、鶏肉を取り出す。

3 2のフライパンにアボカドを入れて軽くつぶしながら、全体を和える。

4 器に鶏肉を盛り付け、3をかける（にんにくは取り除く）。仕上げにオリーブオイルをひとまわしする。

鶏肉に【鶏だし】の旨さを染み込ませる。

アボカドは泡立て器を使ってつぶす。

ほんのり酸味のきいた
イタリアンなきんぴら

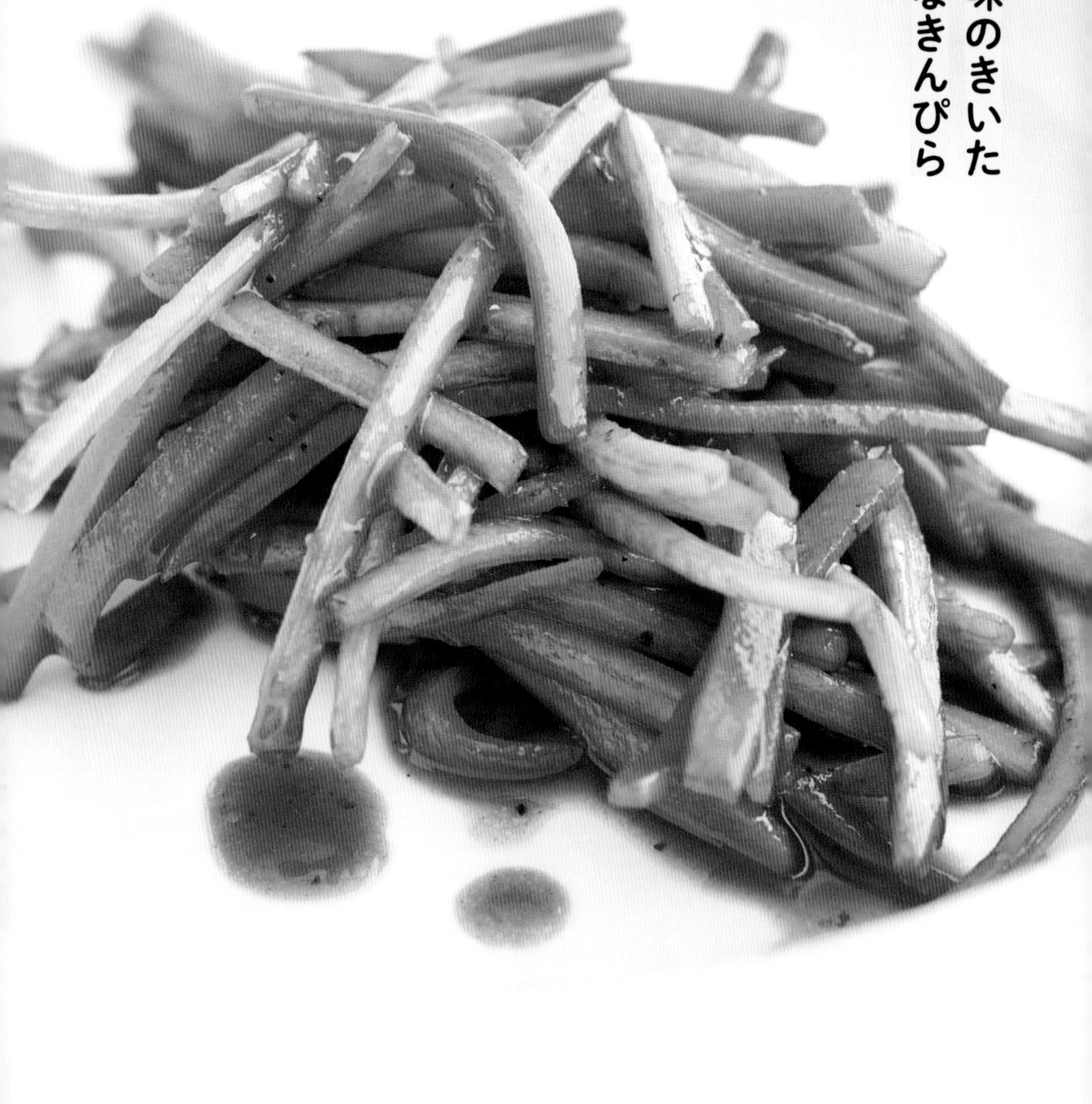

鶏だし

甘酸っぱい洋風きんぴら

◎材料（1皿分）

鶏だし	12mℓ
ごぼう	25g
にんじん	25g
ガーリックオイル	大さじ1
バルサミコ酢	10g
バター	5g
塩（炒め用）	少々
塩（仕上げ用）	ひとつまみ
砂糖	3〜5g
唐辛子（粉末）	お好みで
サラダ油	適量

◎つくり方

1 ごぼうは皮をこそいで千切りに、にんじんも千切りにする。

2 フライパンでサラダ油を熱し、ごぼうとにんじんを炒め、軽く塩をふる。ガーリックオイル（P96参照）を加えてさらに炒める。

3 フライパンを火から外し、バルサミコ酢を全体にかけたら、ふたたび強火にかけてフライパンをゆすりながら、なじませる。

4 【鶏だし】を加え、バター、塩、砂糖で仕上げる。器に盛り付け、お好みで唐辛子をふる。

3

強火で一気に炒める。

いつもの「えのきバター」も、
【鶏だし】で奥行きあるおいしさに

洋風だしのおつまみ
鶏だし

鶏だし

ワンランクアップのえのきバター

◎材料（1皿分）

鶏だし	60mℓ
えのきだけ	100g
バター	20g
ミニトマト	1～2個
塩	ひとつまみ
胡椒	適量
サラダ油	適量

◎つくり方

1 えのきだけは、根元のおが屑がついた茶色の部分（菌床部分）を切り落とす。

＊えのきだけがバラバラにならず、塊で味わうことができる。

2 フライパンでサラダ油を熱し、1のえのきだけを焼く。

3 全体にうっすらと焼き色がついたら、フライパンの脂をキッチンペーパーなどでふき取る。

4 3のフライパンにバターと【鶏だし】、胡椒を加えて中火にかける。だしにくぐらせるようにしながら、えのきだけに火を入れる。

5 1/4に切ったミニトマト、塩、胡椒を加え、全体を和える。

カリッとベーコンと
サクッとレタスがよく合う！

鶏だし

カリッ&サクッ レタスベーコン

◎材料（1皿分）

鶏だし………………………………… 60mℓ
レタス ……………………………………1/4個
ベーコン(ブロック) …………………… 30g
にんにく（みじん切り）……………… 1g
ヨーグルト(無糖) …………………… 30g
粉チーズ ……………………………… 15g
＊ヨーグルトと粉チーズは2：1の割合で
塩……………………………… ひとつまみ
サラダ油 ……………………………… 適量

◎つくり方

1 レタスはくし形切りにして水気をきる。ベーコンは幅1cm程度の細切り、にんにくはみじん切りにする。

2 フライパンでサラダ油を熱し、ベーコンを焼く。焼き色がついたら余分な脂をキッチンペーパーなどでふき取る。

3 フライパンにサラダ油を追加して熱し、1のにんにくを入れる。にんにくの香りが立ってきたら【鶏だし】を加えて、中火で熱する。

4 1のヨーグルト＆粉チーズ、塩を加えて、ベーコンとよくなじませる。

5 器にレタスをおき、ベーコンをのせ、フライパンに残った水分（ソース）すべてをかける。

ベーコンに焼き目がついたら、にんにくを入れて熱する。

ヨーグルト&粉チーズを加えるときは、いったん火からおろす。

じゃがいもと玉ねぎの絶妙なるコンビネーション

鶏だし

じゃがいもと玉ねぎのブルスケッタ

◎材料（4枚分）

鶏だし	40mℓ
じゃがいも（すりおろし※P87参照）	40g
玉ねぎ（スライス）	20g
バター（炒める用）	適量
バター（後入れ用）	12g
バゲット	4枚
にんにく	少々
オリーブオイル	少々

◎つくり方

1 P30の手順でバゲットを焼き、にんにくを表面に擦り付け、軽くオリーブオイルを塗る。

2 フライパンでバター（炒める用）を熱し、うすくスライスした玉ねぎを軽く炒める。すりおろして下茹でしたじゃがいもとバター（後入れ用）12gを加えて、混ぜ合わせる。

3 玉ねぎとじゃがいも、バターがなじむように合わせたら【鶏だし】を加え、中火で煮詰める。

4 1のバゲットにのせる。

鶏だし

ほうれん草のアンチョビソテー

◎材料（1皿分）

鶏だし……………………………30mℓ
ほうれん草 ………………………… 50g
アンチョビ ………………………… 3g
にんにく（みじん切り） …………… 1g
サラダ油 ………………………… 大さじ1
粉チーズ ………………………… 5〜10g

◎つくり方

1 ほうれん草は流水でよく洗い、下茹でする。まず、根元を鍋に入れて5秒茹でたら、全体を鍋に入れ、さらに3秒茹で、ザルにあげて水気をきる。

2 フライパンでサラダ油、にんにく、小さく切ったアンチョビを熱して、香りが出たら【鶏だし】を加える。

3 下茹でしたほうれん草を切らずにフライパンに加え、2とよくなじませたら、軽くひと煮立ちさせる。

4 器にほうれん草を、円を描くように盛り付ける。フライパンに残った水分（ソース）を全体にかけたら粉チーズをふる。

3

ほうれん草は下茹でしているので、さっとひと煮立ちさせる程度でOK。

ほうれん草のほろ苦さとアンチョビの塩辛さを グッと引き立てる【鶏だし】のコク

レバーにコクをプラスした、ワインによく合うおつまみ煮込み

鶏だし

洋風レバ煮込み

◎材料（1皿分）

鶏だし……………………………… 60mℓ
鶏レバー ……………………………100g
塩……………………………………… 適量
黒胡椒………………………………… 適量
小麦粉………………………………… 適量
玉ねぎ（スライス） ………………… 10g
バター ……………………………… 10g
ブランデー ………………………… 適量
砂糖 ………………………………… 適量

レバーの下処理

1 レバーの白い部分（スジ）を取り除き、ひと口大に切る。ボウルに入れ、水洗いしてレバーの血抜きをする。

2 ザルにあげて水気をきり、キッチンペーパーで水分や残った血をよくふき取る。

◎つくり方

1 下処理をしたレバーに塩、黒胡椒をふり、下味をつけ、全体に小麦粉をまぶす。フライパンでレバーを軽く焼いたら、取り出す。

2 1のフライパンの脂をキッチンペーパーなどでふき取る。そこにバターを入れて熱し、スライスした玉ねぎを加え、しんなりするまで炒める。

3 フライパンにレバーを戻し入れて、玉ねぎとなじんだら、火を止める。

4 ブランデーをまわしかけたら、すぐに強火にし、炎が消えたところで【鶏だし】を加える。
味見をして甘みが足りないときは、砂糖で味を調える。レバーに火が通ったら、器に盛り付ける。

1

旨みを閉じ込めるために、小麦粉をまんべんなくまぶす。

4

炒め合わせて味見をして、甘みが足りないと思ったら、砂糖をひとつまみ足すとよい。

鶏だし

お手製レバーペーストバゲットのせ

前ページの「洋風レバ煮込み」のつくり方をベースにして、濃厚なレバーペーストにトライ！

◎材料（仕上がり100g程度分）

鶏だし……………………………… 20mℓ
鶏レバー ……………………………… 100g
塩…………………………………… 適量
黒胡椒……………………………… 適量
玉ねぎ（スライス）…………………………13g
バター ……………………………………25g
ブランデー ………………………… 適量
バゲット ………………… お好みの枚数
にんにく …………………………… 適量
オリーブオイル ……………………… 適量

◎つくり方

1 P45「洋風レバ煮込み」を参考に、レバーの下処理をする。

2 P45「洋風レバ煮込み」の手順でレバーと玉ねぎなど、途中で【鶏だし】を追加して煮込む。

3 2のレバー&玉ねぎ、汁（大さじ1程度）をミキサーにかけてペースト状にする。

＊ミキサーがまわりにくいときは、2の汁を少量ずつ加えて調整する。
＊さらに、なめらかにするには裏ごしするとよい。

4 P30の手順で焼いてにんにくを擦り込み、オリーブオイルを塗ったバゲットに、3をのせる。

ミキサーにかけ、好みのなめらかさに攪拌する。

しっかり焼いたバゲットに、レバーペーストを好きなだけのせる。

【洋風だし】を取り入れて もっとおいしく！ もっと手軽に！

甘味、塩味、酸味、苦味についで第五の味覚といわれる味覚が「うま味」です。「うま味」の誕生は1907年にさかのぼり、東京帝国大学（現・東京大学）教授の池田菊苗博士（1864〜1936）が、昆布からグルタミン酸を抽出することに成功、それを「うま味」と名付けました。その後、鰹節に含まれるイノシン酸、乾椎茸に含まれるグアニル酸も「うま味成分」であると判明し、「うま味」は料理のおいしさに欠かせない要素として広く知られることになりました。ちなみに、「うまみ」にはいくつかの表記があり、「うま味」は科学視点から見た、特定の物質の味質を表します。また「旨み」は感覚的なおいしさを表現する言葉ですので、本書では「旨み」を使っています。

あらためて、【だし】について説明すると、【だし】は魚介類、獣肉、鶏肉の骨や肉、椎茸、昆布、野菜などに含まれる「うま味成分」を抽出した汁のこと。島国・日本では魚介類で【だし】をとることが多く、肉食中心のヨーロッパでは、肉や野菜からとることが多いのです。

私がふだんから使っているのが【あさりだし】と【鶏だし】。【あさりだし】は魚介料理はもちろんのこと、野菜との相性がよく、すっきりとしたなかにも、風味豊かな味わいをプラスし、また滋味も感じさせてくれます。【鶏だし】は、なにより強い旨みが特徴で、全体をまろやかな味わいに仕上げてくれます。

このふたつの【洋風だし】を上手に活用すれば、ほかの調味料を使い過ぎることなく、お料理の味の決め手となってくれ、その分、調理時間も短縮可能。いつものお料理で使う水を【洋風だし】に替えるだけで、おいしさアップ、間違いなしです。

【洋風だし】を用いるとよいこと 3

1 **料理の味わいが格段に高まる** ― おいしさUP！

2 **調理時間を短縮できる** ― 手軽に味が決まる！

3 **必要以上の調味料が不要** ― おいしさは【洋風だし】が後押し！

「うま味」を重ねると、
味わいがいっそう深くなります。
36ページの「えのきバター」のように、
食材に焼き目を入れた段で
香ばしさが生まれますが、
そこに**【洋風だし】**を加えると、
味に深みやコクが生まれ
「旨み」になるというわけです。
いつもの食材に**【洋風だし】**をプラス。
もっと「おいしい」食卓を。

洋風だしの
ごちそう

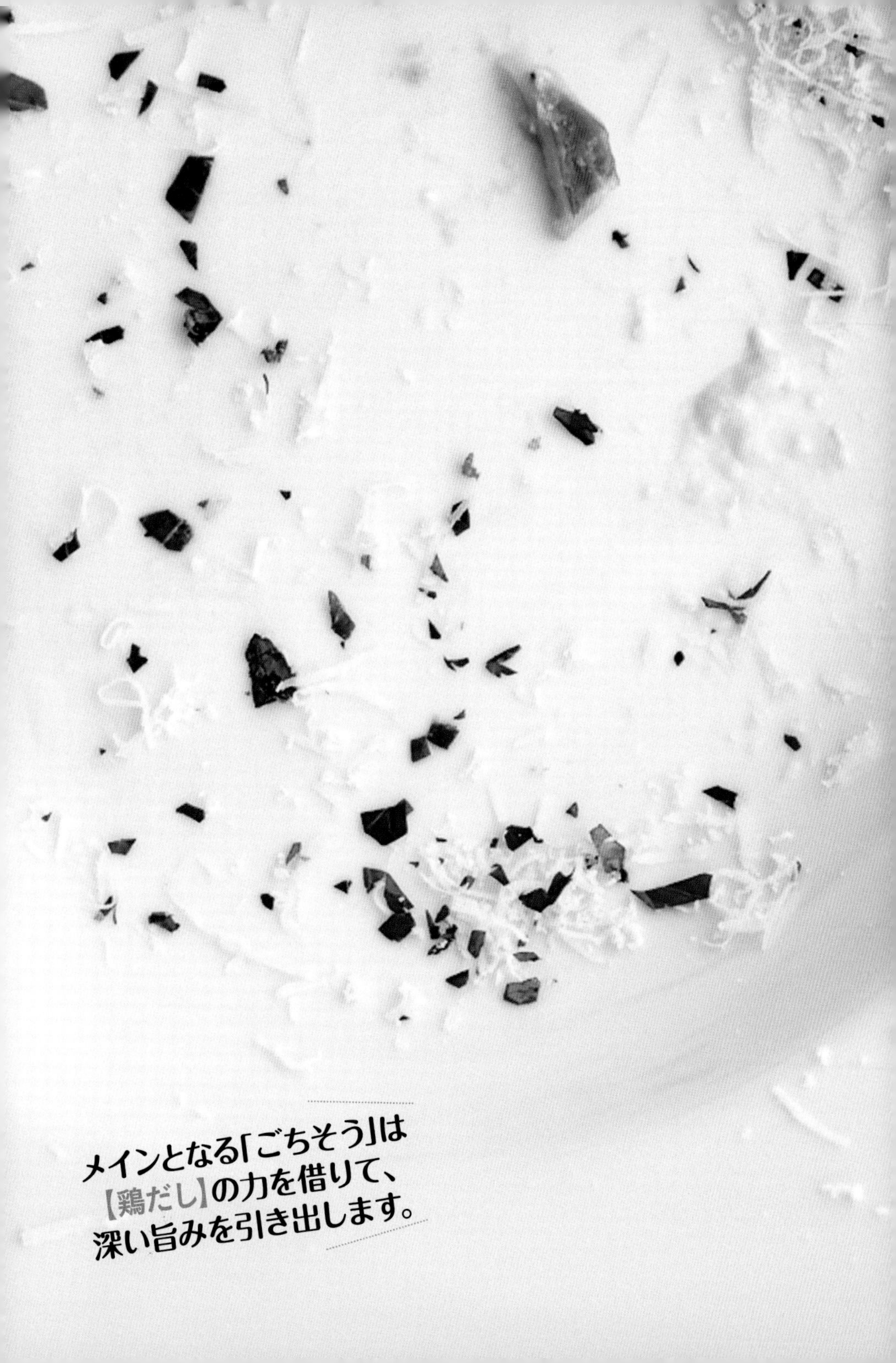

メインとなる「ごちそう」は
【鶏だし】の力を借りて、
深い旨みを引き出します。

白ワインの酸味が芳しい
フリカッセ

フリカッセとは
「白い煮込み」の意を持つ家庭料理。
肉やきのこ、野菜などを炒めて
生クリームで煮込んだものを指します。

鶏だし

豚バラと舞茸のフリカッセ

◎材料（1皿分）

鶏だし……………………………… 30mℓ
豚バラ肉……………………………… 50g
塩……………………………………… 適量
黒胡椒………………………………… 適量
小麦粉………………………………… 適量
舞茸…………………………………… 40g
白ワイン ……………………… 大さじ1
生クリーム ……………………… 25mℓ
イタリアンパセリ ………………… 適量
サラダ油……………………………… 適量

◎つくり方

1 ボウルに豚肉、塩、黒胡椒を入れてよく混ぜ合わせたのち、豚肉を広げて小麦粉を全体にまぶす。

2 フライパンでサラダ油を熱し、1を全体的に色がつく程度に炒める。

3 フライパンを火からおろして、白ワインを全体にかけ、強火にしてフランベする。ほぐした舞茸、生クリーム、【鶏だし】を加え、ひと煮立ちさせる。

4 全体がなじんだら器に盛る。塩、黒胡椒をして、細かく刻んだイタリアンパセリを散らす。

コツ

フランベとは？

よい風味をつけるために、調理中にワインやブランデーなどの洋酒をふりかけてから火をつけて、アルコール分を飛ばす調理法のこと。手順は、「フライパンをいったん火からおろし（火を消しても可）、強火にかけ、酒を瞬時にまわしかければOK。

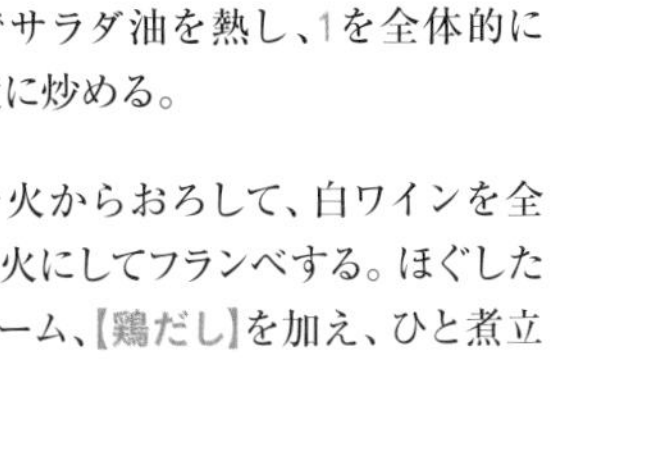

パリッとした皮と
しっとりした身の妙を味わう

鶏だし

洋風だしのごちそう

鶏だし

鶏ももとしめじのフリカッセ

◎材料(1皿分)

鶏だし…………………………… 50mℓ
鶏もも肉 …………………… 1枚(200g程度)
塩………………………………………… 適量
胡椒……………………………………… 適量
しめじ…………………………………… 35g
玉ねぎ（スライス）…………………… 10g
にんにく ……………………………… 1/2片
生クリーム …………………………… 50mℓ
レモン(皮) …………………………… 適量
サラダ油 ……………………………… 適量
バター ………………………………… 適量

◎つくり方

1 フライパンでサラダ油とにんにくを熱し、塩、胡椒で下味をつけた鶏肉を入れ、皮目から焼く。

2 皮がこんがり焼けたら鶏肉を取り出す。キッチンペーパーでフライパンの汚れをふき取り、スライスした玉ねぎをバターで軽く炒める。

3 石突を切り落としてほぐした、しめじを2に加え、しめじに火が通ったらにんにくを取り出す。生クリーム、【鶏だし】を加える。ひと煮立ちしたら、鶏肉を戻し入れて、そのまま煮込み、レモンの皮を削りかける。

4 鶏肉がなじんだら、鶏肉としめじを取り出し器に盛り付ける。残った煮汁を煮詰め、塩をふたつまみほど加えて、鶏肉としめじにかける。仕上げに、さらにレモンの皮を削りかける。

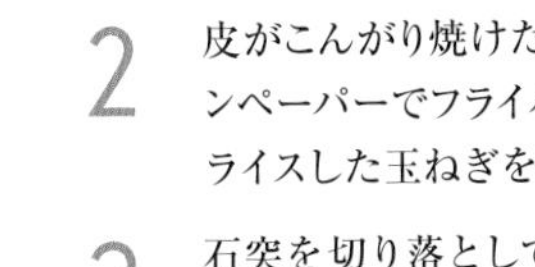

皮がパリッとするまで、鶏肉を動かさずに焼く。

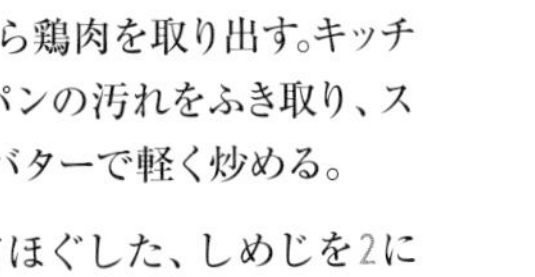

レモンの皮を鍋の中に削り落とす。レモンの香りがほのかに、ふわっと香る程度がベスト。

旨さを封じ込めて
仕上げたスペシャルステーキ

鶏だし

マスタード香る牛ステーキ

◎材料（1皿分）

鶏だし……………………………………… 40mℓ
牛肉（ステーキ用） ………………… 1枚（100〜150g）
塩………………………………………… 適量
黒胡椒…………………………………… 適量
玉ねぎ（うすくスライス） ………………………10g
ミニトマト（1/4等分に切る） ………………… 8個
赤ワイン ………………………………… 20mℓ
にんにく …………………………………………1/2片
小麦粉…………………………………… 適量
バター …………………………………… 適量
イタリアンパセリ ……………………… 適量
粒マスタード …………………………………小さじ1
オリーブオイル ………………………… 適量
砂糖 ………………………………………ひとつまみ

◎つくり方

1 牛肉は室温に戻し、塩、黒胡椒で肉の両面に下味をつけ、小麦粉をまぶす。

2 フライパンにバターを熱し、牛肉を焼く。表面に焼き色がついたらいったん取り出す。

3 フライパンの脂をキッチンペーパーで軽くふき取り、オリーブオイルをひき、スライスした玉ねぎを炒め、しんなりしたらミニトマトを加えて、軽く炒める。

4 いったん火からおろし、赤ワインを全体にかけて、強火でフランベしたら、にんにく、【鶏だし】、粒マスタードを入れて、2の牛肉を戻し入れる。

5 煮汁（ソース）を煮詰めるようにして加熱し、ときどき牛肉にかける。味見をして酸味が強いときは、お好みで砂糖を入れて調える。器に盛り付け、細かく刻んだイタリアンパセリを散らす。

2

バターが溶け出して泡が出てきたら強火にする。火が入ったら、牛肉を取り出す。

4

赤ワインをかけるときは、フライパンをいったん火から外す。

5

煮詰まりすぎないように時折、火から外してソースを肉にからめる。トマトの酸味が強ければ、砂糖をひとつまみを加える。

鶏だし

豚のステーキ〝ユズ〟モラータソース

◎材料（1皿分）

鶏だし…………………………………… 60mℓ
ユズモラータソース ………………… 適量
豚ロース肉 ………………………… 1枚(140g)
塩…………………………………… 適量
胡椒………………………………… 適量
黒胡椒……………………………… 適量
玉ねぎ（スライス） ……………………… 10g
白ワイン ………………………… 小さじ1
イタリアンパセリ ………………………… 適量
柚子(皮)……………………………… 適量
小麦粉……………………………… 適量
サラダ油 …………………………… 適量

◎つくり方

1 フライパンでサラダ油を熱し、塩、胡椒で下味をつけ、小麦粉をまぶした豚肉を焼く。両面に焼き色がついたらいったん取り出す。

2 フライパンの脂をキッチンペーパーで軽くふき取り、スライスした玉ねぎをサラダ油で炒める。玉ねぎがしんなりしたらいったん火からおろし、白ワインをまわしかけ、強火でフランベする。

3 【鶏だし】と「ユズモラータソース」を2に加え、弱めの中火にかける。ふつふつしてきたら豚肉を戻し入れて煮詰める。ソースの味見をし、柚子の皮を削りかける。細かく刻んだイタリアンパセリを足してもよい。仕上げに黒胡椒をふり、味を調える。

1
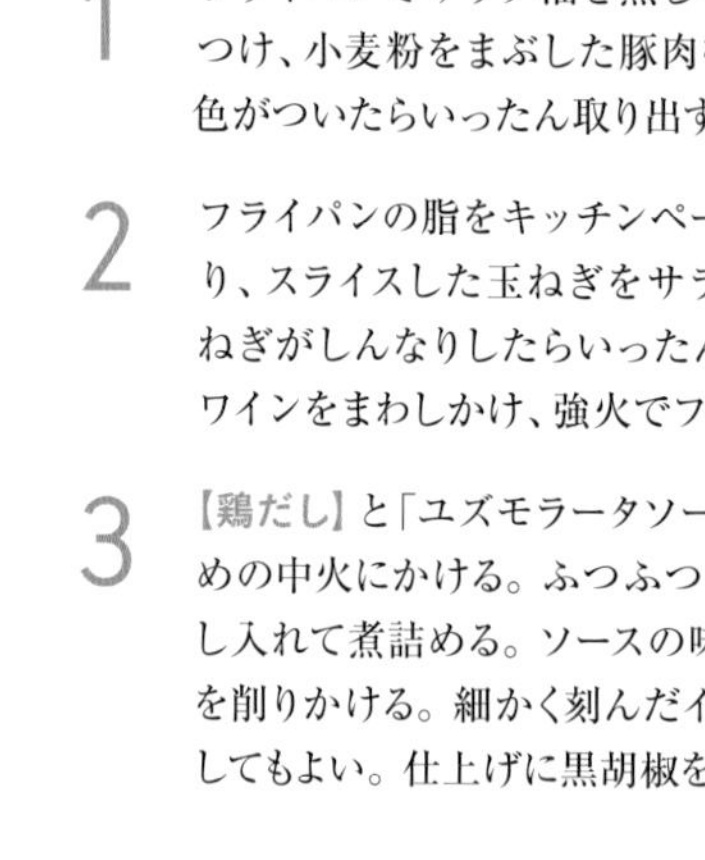
焼き色がつき、肉の表面にうっすら水分が出てきたら、ひっくり返すタイミング。

3
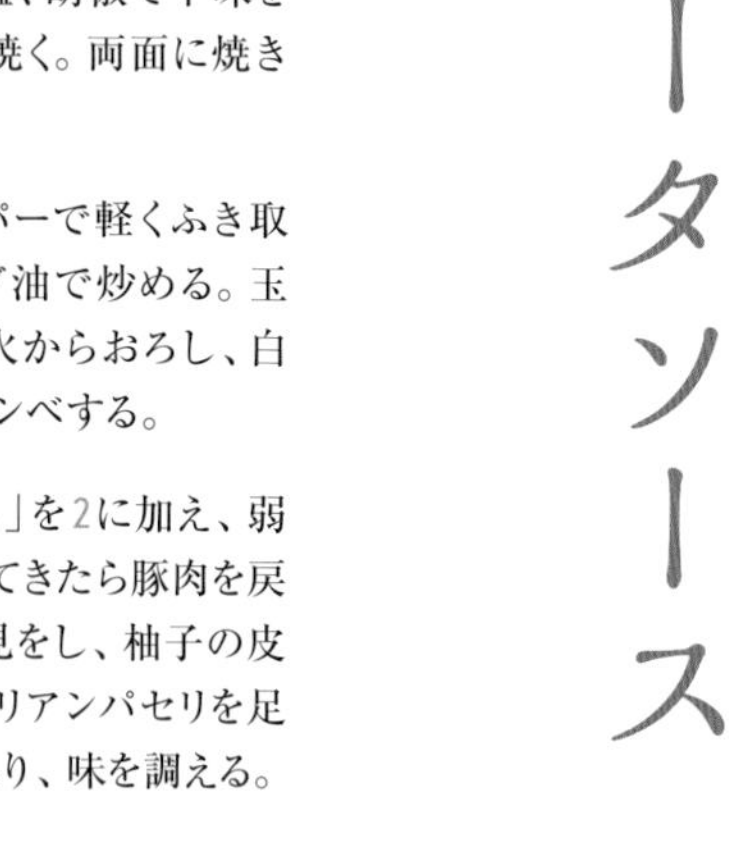
【鶏だし】とユズモラータソースを入れたら弱めの中火にかける。

【鶏だし】の旨みと柚子の香りが爽やかに漂う

「"ユズ"モラータソース」

◎材料

柚子の皮(すり下ろし) ………… 2g
にんにく(みじん切り) ………… 2g
イタリアンパセリ(みじん切り)…… 1g
オリーブオイル ………… 小さじ2

◎つくり方

材料をすべて合わせてよく混ぜるだけ！

次ページに「ユズモラータソース」とは？

豚のステーキ〝ユズ〟モラータソース

【鶏だし】と合わせた、とっておきの〝ユズ〟モラータソースで、豚肉のおいしさを最大限に引き出す！

イタリア料理には「グレモラータソース」という
レモンの皮とにんにく、イタリアンパセリをミックスした
調味料（ソース）があります。
そのまま混ぜただけのフレッシュタイプと、
加熱したタイプなどあり、いずれも肉料理にマッチ。
それを依田流にアレンジしたのが、このユズモラータソースです。
グレモラータで使うレモンを
〝柚子〟に変えて、よりさわやかさを高めました。
豚肉の甘みを存分に感じられる、柚子の酸味がナイスです。

豚肉を焼き、【鶏だし】とユズモラータソースを合わせたソースを、豚肉にかけながら仕上げていく。豚肉の表面が乾かないように、素材から出る旨みを逃さないように、じっくり火を入れることでジューシーな仕上がりに。

Column 6

グンとおいしさがアップするコツ ——それは「仕上げに香り」をまとめること

私は、料理を提供するときに、いつもここでしか体験できないライブ感を大切にしています。できたてをお客さまに召し上がっていただくのはもちろんのこと、お料理を口になさった方が「すごい！」と感じてくださるよう工夫をしています。

ここで紹介するテクニックもそのひとつ。効果は保証します。みなさんのご家庭でも取り入れていただきたいと思っています。それは「香り」です。お料理にはさまざまな味わいとともに「香り」があります。

なかでも大切にしているのが、柑橘類の香りです。新鮮でよいレモンやライムなどの香りほど、ハッとさせるものはないと考えています。柑橘類を料理に使う場合、その果汁を想像する方

粉チーズも影の立役者

みなさんは、粉チーズをどう使っていますか？　お皿に盛り付けたあとにパラリ……ですよね？　粉チーズは味の奥行きをさらに深めるとともに、お料理全体に一体感をもたらしてくれる素晴らしい調味料です。市販の粉チーズもいいですが、ご自分で塊のチーズを削って使うのもオススメです。

が多いかもしれませんが、イタリアンでは〝皮〟を多用します。柑橘類の香り成分は、実よりも皮に多く含まれているのです。

お客さまに提供する直前に、お料理に削り立ての皮を舞わせると、なんともいえない、生き生きとした香りが立ち……それが私の考えるところの「ライブ感」を醸し出すのです。

みなさんも、お料理が目の前に運ばれてきたときに、ふわっと柑橘類の香りが鼻腔をくすぐり、「おいしそう！」とワクワクした経験があるのでは？

オススメはレモン、ライム、柚子、すだち。グレーター（写真のように削りかけるための道具。チーズにも使えます）を使って削ります。お料理によっては、1～2センチ程度に削った「皮を1枚添える」というのも効果的です。

フレッシュな柑橘類の“皮”を削る——
それだけで料理の腕が上がります。

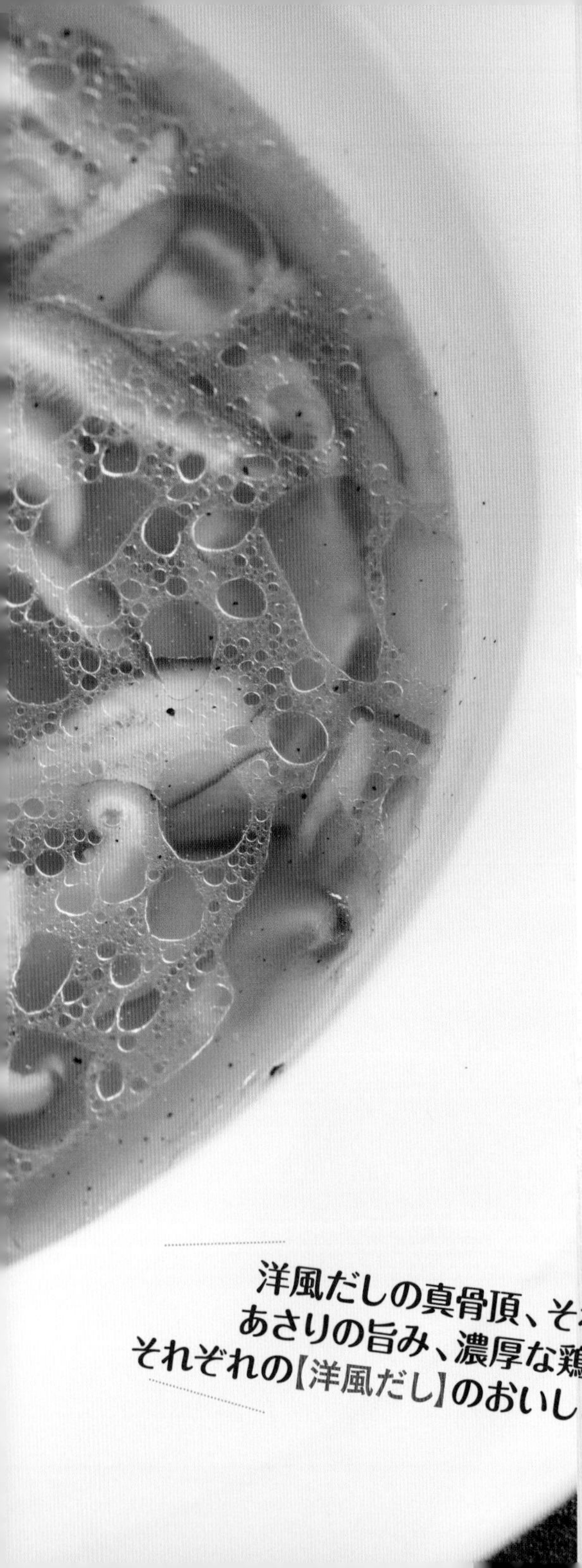

洋風だしの
スープ

洋風だしの真骨頂、それはスープ。
あさりの旨み、濃厚な鶏のコク……
それぞれの【洋風だし】のおいしさが際立つレシピ。

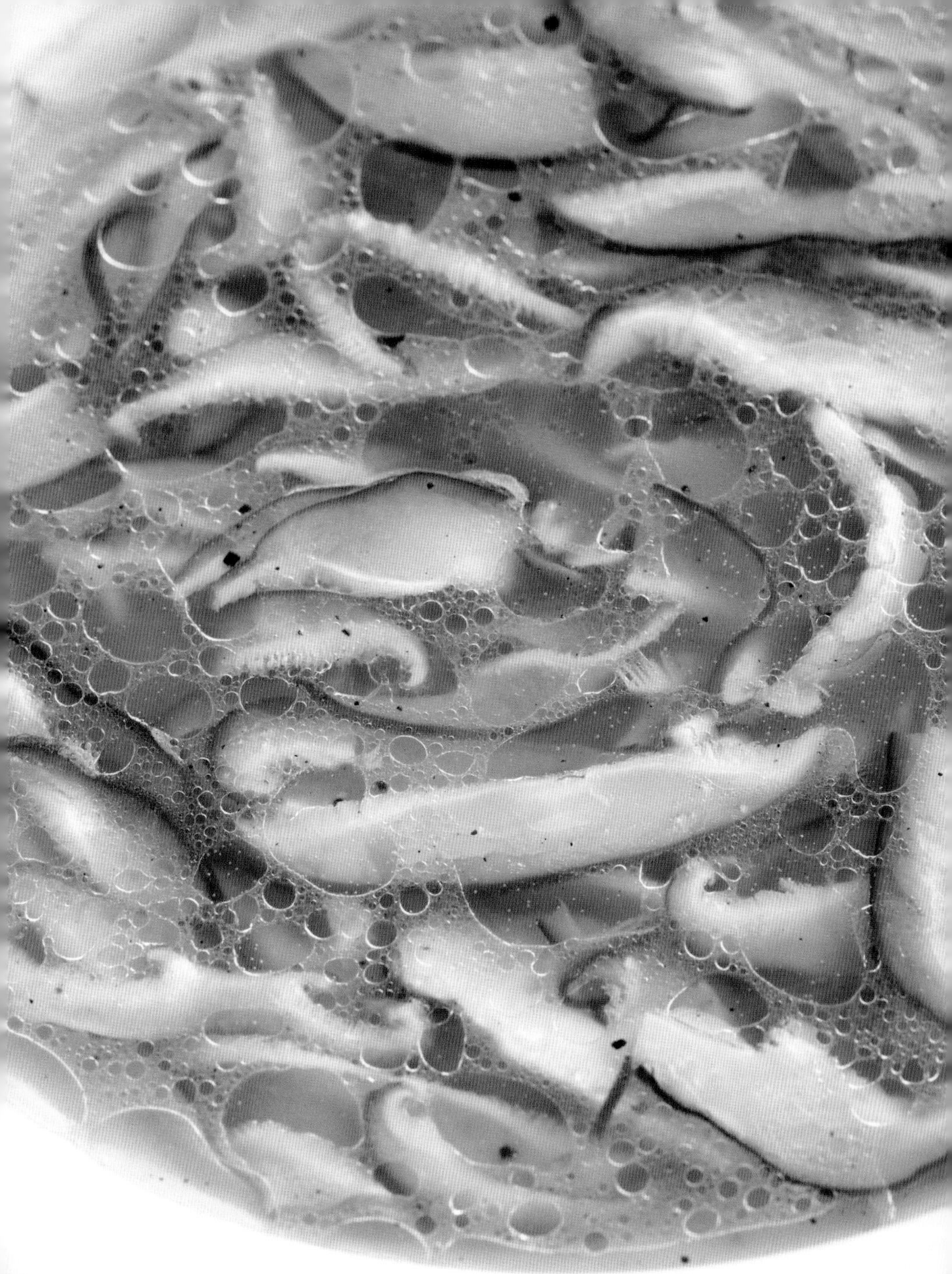

究極コーンスープ

◎材料（1皿分）

あさりだし……………………………100mℓ
コーン（缶詰※ホールタイプ）……………80g
バター…………………………………10g
玉ねぎ（スライス）……………………5g
塩……………………………………適量
牛乳……………………………………100mℓ

◎つくり方

1 フライパンでバターを熱し、玉ねぎを透き通るまで炒め、汁気をきったコーンを加えて、全体をなじませる。

2 牛乳と【あさりだし】を加えて煮たら、塩で好みの味に調える。

3 2をミキサーにかけて、ザルでこし、鍋に入れる。

4 3をひと煮立ちさせて、アクを取り除いたら、できあがり。

玉ねぎとコーンの甘みが出るように、弱火で炒める。

中火程度で5分ほど煮る。

よりなめらかな口あたりに仕上げるために、ザルでこす。

コーンと玉ねぎだけ。
でも、（あさりだし）が
滋味あふれる味わいに

あさりだし

彩り鮮やかなカマスのスープ

◎材料（１皿分）

あさりだし …………………… 100〜130mℓ
カマス（刺身用） ………………………… 40g
じゃがいも（すりおろし） ……………… 30g
パプリカ（細切り） ……………………… 30g
にんにく（みじん切り） ………… 小さじ1
オリーブオイル ………………………… 適量
塩……………………………………… 適量
イタリアンパセリ（みじん切り） ……… 適量

◎つくり方

1 じゃがいもはすりおろして、15秒ほど茹でる。カマスは皮付きのまま、うす切りにする。

2 フライパンにオリーブオイル、にんにくを入れて火にかけ、にんにくの香りが立ってきたら、パプリカを炒める。

3 【あさりだし】を加えて少し煮込んだら、味見をして、塩で調える。

4 じゃがいもとカマスを加えて、さらに火にかける。

5 器に盛り、細かく刻んだイタリアンパセリを散らし、オリーブオイルをまわしかける。

2
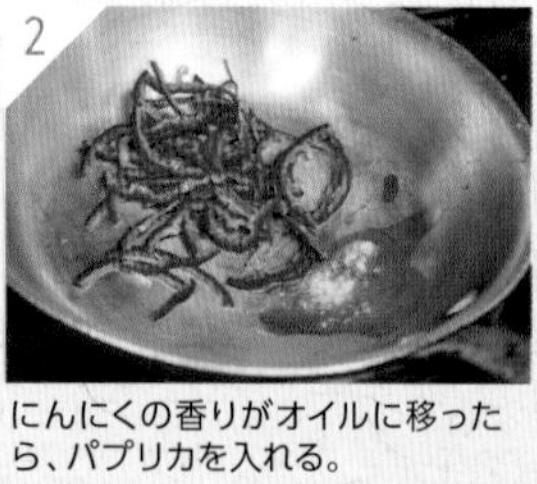
にんにくの香りがオイルに移ったら、パプリカを入れる。

3
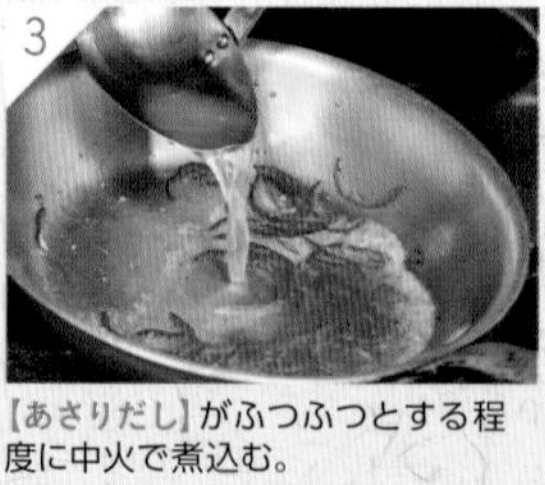
【あさりだし】がふつふつとする程度に中火で煮込む。

4

カマスはふっくらと仕上げたいので、火が入り過ぎないよう注意。

カマスのおいしさ再発見！お店でも人気の、定番スープ

あさりだし

茄子のとろ〜りスープ

◎材料（1皿分）

あさりだし ………………… 120〜150mℓ
茄子……………………………………… 1本
生姜（うす切り）…………………2〜3枚
バター ………………………………… 10g
塩……………………………………… 適量

◎つくり方

1 茄子はピーラーで皮をむき、うすくスライスして、5分ほど塩水にさらし、水気をきる（皮は使わない）。
生姜は皮付きのまま、うす切りにする。

2 フライパンを中火にかけ、バターで茄子を軽く炒める。

3 【あさりだし】と生姜を加え、ひと煮立ちさせたら、塩で好みの味に調える。

1

ピーラーで、茄子をごくうすく、細長くスライス。

断面から旨みが抜け出てしまうので、塩水にさらす時間はきっかり5分で。

2&3

茄子を軽く炒めたら（焼き目がつかぬよう）、【あさりだし】と生姜を加える。

とろけるような食感の
茄子の甘みを堪能する

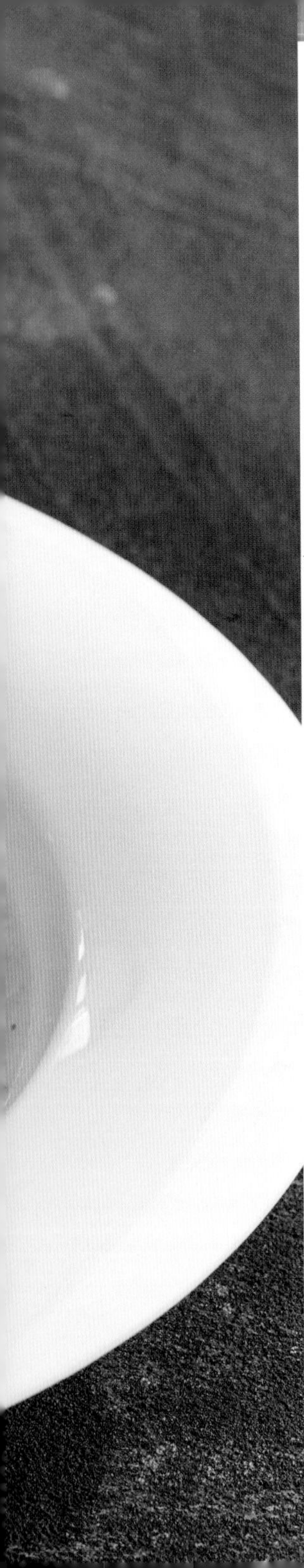

あさりだし

アボカドと蟹のスープ

◎材料（1皿分）

あさりだし ………………120〜150mℓ
アボカド ……………………………… 1/4個
蟹の身（缶詰めも可） ……………… 20g
塩…………………………………… 適量
オリーブオイル …………… ひとまわし
水溶き片栗粉 ……………………… 適量

◎つくり方

1 フライパンに【あさりだし】、蟹の身を入れて中火にかける。

2 皮をむいて、1cm幅ほどに切ったアボカドを加えてひと煮立ちさせたら、オリーブオイルをまわしかけ、水溶き片栗粉でとろみをつける。塩で好みの味に調える。

1

蟹の身を入れたら、そのまま温まるのを待つ。

2

中火で静かに火を入れる。

アボカドの濃い甘みを、あさりだしでさっぱりすっきりと

あさりだし

大根と柚子のスープ

◎材料(1皿分)

あさりだし……………………………100mℓ
大根 ……………………………………… 25g
水菜………………………………………… 適量
柚子(皮)………………………………… 1枚
バター …………………………………… 適量

◎つくり方

1 大根は細長くすりおろす。
水菜は5cm長さ程度に切る。

2 フライパンでバターを熱し、大根を軽く炒める。

3 【あさりだし】、柚子の皮、バターを加えて少し煮る。仕上げに水菜をさっと和える。

コツ

大根のすりおろし?

“おろし”というと、大根おろしのようなみぞれ状を思い浮かべますが、P86で紹介している「玉ねぎやじゃがいものすりおろし」と同様に、大根を、万能スライサーで細長くすりおろしたものを指します。千切りよりもうすく仕上げたいときに。

【あさりだし】と相性のよい大根を
細く、うすく繊細な食感に。
だしの旨みを体感するためのスープです

あさりだし

フルーツトマトと生姜のスープ

◎材料(1皿分)

あさりだし ……………………………120mℓ
フルーツトマト ………………………… 1個
生姜(うす切り) ………………………… 1枚
塩…………………………………… 小さじ1
オリーブオイル ………………………… 適量

◎つくり方

1 フルーツトマトは湯むきする。

2 フライパンで【あさりだし】を温めたら、生姜、フルーツトマトをまるごと入れる。スープをトマトにかけながら軽く煮込み、塩を加える。

3 器に盛り付けたら、オリーブオイルを少し垂らす。

2

【あさりだし】に生姜の香りが移ったら、フルーツトマトを少し熱する程度に火を入れる。

まるで「トマトのおでん」のごとし

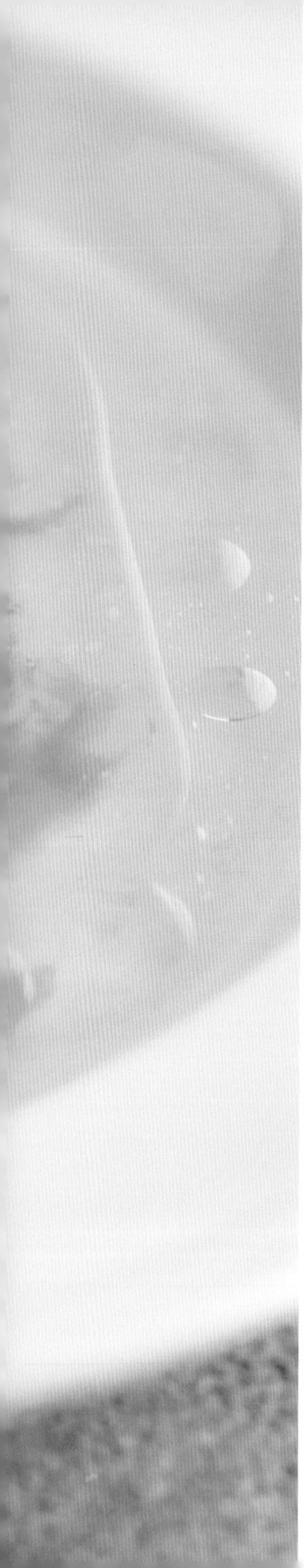

トマトを崩して、
召し上がれ！

フルーツトマトは
ほかの種類のトマトに比べ、
水やりを少なくして栽培されたもの。
甘みが凝縮されており、
【あさりだし】スープとの相性が抜群です。

鶏だし

豆腐と牛挽肉のスープ

◎材料（1皿分）

鶏だし……………………………… 100mℓ
豆腐 ……………………………… 60g
牛挽肉 …………………………… 40g
塩………………………………… 適量
胡椒……………………………… 適量
玉ねぎ（スライス）……………………… 5g
にんにく（みじん切り）………………… 1g
オリーブオイル ……………………… 適量
粉チーズ ………………………… お好みで

◎つくり方

1 フライパンでオリーブオイルを熱し、玉ねぎとにんにくを炒め、塩、胡椒で下味をつけた牛挽肉を加えてさらに炒める。

2 全体がなじんだら、【鶏だし】を加え、煮立たせる。

3 湯通しした豆腐をくずしながら加える。

4 泡立て器で、さらに豆腐をくずし、牛挽肉とよく和える。混ざり合ったらオリーブオイルをひとまわしほどかける。仕上げに、お好みで粉チーズをふる。

4

豆腐をホロホロとくずすには、泡立て器を使うとよい。

コツ

豆腐の湯通し

豆腐は水っぽさをなくし、食感をよくするために湯通しをする。

手順

深めの鍋で、たっぷりの水を沸騰させる。沸騰したら少し火を弱め、豆腐をそのまま入れて3分ほど茹でる。

炊き立ての
ごはんにも合う
やさしい味です

鶏だし

大根と牛挽肉のスープ

◎材料（1皿分）

鶏だし……………………………… 70mℓ
大根（すりおろし）………………… 30g
大根の茎、葉 ……………………… 各10g
牛挽肉 ……………………………… 40g
塩……………………………………… 適量
胡椒…………………………………… 適量
オリーブオイル …………………… 適量
粉チーズ ………………………… お好みで

◎つくり方

1 大根は細長くすりおろし（P74参照）、茎、葉はそれぞれ1cm長さ程度に切る。

2 フライパンでオリーブオイルを熱し、大根（茎も）を炒める。

3 塩、胡椒で下味をつけた牛挽肉を加えて、炒め合わせたら、【鶏だし】を入れる。

4 3が煮立ったら、大根の葉を加え、全体をよくなじませる。お好みで粉チーズをふる。

3

材料すべてをよく混ぜ、牛挽肉に火が入ってから【鶏だし】を加える。

ポロポロそぼろと、シャキッ&クタッな大根コンビ

鶏だし

椎茸だけのスープ

◎材料（１皿分）

鶏だし………………………… 200mℓ
椎茸（生）…………………………… 40g
黒胡椒…………………………… 適量
オリーブオイル ………………… 適量

◎つくり方

1 フライパンを中火にかけ、オリーブオイルで黒胡椒を熱する。

2 香りが出てきたら【鶏だし】を入れ、うすくスライスした椎茸を加えて、煮る。

3 椎茸に火が通ったら、味見をし、塩で味を調える。器によそい、オリーブオイルを数滴たらす。

椎茸の旨みがスープに出るよう、静かに煮立てていく。

じんわりと、椎茸のおいしさがしみわたる、
身も心もやさしくなるスープです

もっとうすく、もっとなめらかに！
うすくてキレイな野菜スライス「すりおろし」が簡単にできる方法

本書のレシピでは、通常のスライスよりも、さらにうすくスライスした野菜を多く使います。うすくする理由は、「食感をよくするため」、そして「味をしみやくする」ためです。うすいスライスの中でも、じゃがいもや大根のスライスを、私は「すりおろし」と称しており、店でもさまざまなお料理に活用しています。

早く、たくさん、正確に「すりおろす」ためにも、写真のような万能スライサーやグラインダーなどを使うと便利です。もちろん、包丁でもできま

◎玉ねぎの〈スライス〉

1　皮をむき、底部を切り落としたらスライサーにかける。

2　ほんのり透ける程度のうすさならば、さまざまな調理方法に合う。

3　保存できる容器に入れて冷蔵庫へ。1～2日保存できる。

すが、時間や手間を考えると圧倒的にスライサーがよいでしょう。

ここでは、玉ねぎの「スライス」とじゃがいもの「すりおろし」の手順を紹介します。うすくした、玉ねぎやじゃがいもは味もさることながら、食感のアクセントに欠かせません。これらの「すりおろし」を冷蔵庫にストックしておくと、なにかと役立ちます。

◎じゃがいもの〈すりおろし〉

1　じゃがいもは、皮をむき、芽を取り除いたらグラインダー(面によってスライス加減が変わる調理道具) ですりおろす。

2　このまま、炒め料理に使ってもOK。

3　下茹でして水気をきったら、ザルにあげ水をきる。

4　ストックは冷蔵庫で1～2日程度。冷凍する場合はファスナー付密閉袋に平らに入れれば1カ月ほど持つ。

洋風だしの
パスタ

つい、ソースに頼りがちな「パスタ」。
ですが、【あさりだし】【鶏だし】の力を借りて、
素材をシンプルにおいしくいただきましょう。

驚くほどおいしいパスタの茹で方

「べちゃっとやわらかくなってしまう」「伸びてしまった」「芯が残っている」「ソースとうまくからまない」……など、ご家庭でのパスタづくりでのお悩みをよくうかがいます。

上手に、おいしくつくるためのパスタ・テクニックは多々ありますが、もっとも大事なのが「パスタの茹で方」です。難しいことはひとつもありません。

ここで紹介する3つのオキテを素直に守っていただければオーケー。

第一に、茹でるときの塩の量を守ること。塩分濃度1%、つまり湯の重量の1%の塩を加えます。たとえば、1リットルの湯ならば10グラムの塩となります。「ちょっと多いな」と感じるかもしれませんが、パスタ（麺）そのものに、ちょうどよい塩味をつけるには最適なのです。

第二に、茹で時間です。パスタの袋に表示されている茹で時間がありますが、その数字通りではなく、〝気持ち〟早く火を止めてください。

〝気持ち〟は数値に表しにくいのですが……8〜10秒ほどを意識して。短くする理由は、パスタは茹で上げたあと、ソースとからめるときに温まり、火が入ってしまうため。

そして第三に、茹でる分量はひとり分を厳守すること。「今日はふたり分が必要」だからと、いっぺんに茹でるほうが効率的とお思いでしょうが、分量が増えれば増えるほど、茹で上げや、ソースとからめる際のジャストタイミングを見落としがちになるもの。

ひとり分を茹でて、ひと皿ひと皿、仕上げるほうが失敗知らず。断然、おいしいパスタに仕上がります。

◎パスタ……………… 基本の茹で方

1 大きめの鍋にたっぷりの水を沸かし、塩を入れる。

＊水が1ℓなら、塩は10g

2 沸騰したらパスタを入れ、すぐにタイマーをパスタの袋の表示時間の数秒前に設定する。

＊パスタの分量はひとり分(60～80g程度) がベスト

3 タイマーが鳴るとともに、火を止め、ザルにあげる。

ソースとからめるとき

●ソースを煮詰めすぎないように。

●パスタとよく混ぜ、よくからめる。

茹で方のオキテ……………… 3

1 **茹で汁の塩分濃度は1%**

2 **茹で時間は表示よりも“気持ち”短く**

※パスタの種類やつくる人の経験値により増減あるが、気持ち＝8～10秒ほど

3 **茹でる分量はひとり分**

ローマの名物料理「カチョ・エ・ペペ」
＝チーズと黒胡椒のパスタもほら、簡単に。

鶏だし

チーズと黒胡椒のパスタ

◎材料（1皿分）

鶏だし	60〜70mℓ
パスタ(茹で上がったもの)	60g
黒胡椒	適量
バター	15g
粉チーズ	適量

◎つくり方

1 P91の手順でパスタを茹でる。

2 フライパンにバター、黒胡椒を入れて火にかける。

3 バターの香りが広がってきたら、【鶏だし】を加えて、ひと煮立ちさせ、茹で上がったパスタをフライパンに入れ、粉チーズをかけて、よくからめる。

ローマの定番パスタ「カチョ・エ・ペペ」

“カチョ”は南イタリアの言葉で「チーズ」を指し、“ペペ”は「胡椒」を指す。文字通り、チーズと黒胡椒のパスタで、アマトリチャーナ、カルボナーラと並ぶローマ3大パスタのひとつ。本場の味を目指すなら、チーズは「ペコリーノ・ロマーノ」という羊のミルクからつくられる塩味のきいたチーズを選んで。

ねぎ本来の甘みを
じんわり味わう

鶏だし

ねぎねぎパスタ

◎材料（1皿分）

鶏だし……………………………… 60～70mℓ
パスタ（茹で上がったもの） ………… 60g
長ねぎ……………………………………… 30g
玉ねぎ……………………………………… 30g
にんにく（みじん切り） ……………… 1g
唐辛子（粉末）………………………… 適量
粉チーズ ………………………………… 8g
オリーブオイル ……………………… 適量
イタリアンパセリ …………………… 適量

◎つくり方

1 P91の手順でパスタを茹でる。

2 長ねぎは白髪ねぎに、玉ねぎはごくうすいスライスにする。

3 フライパンでオリーブオイル、にんにく、唐辛子を熱し、白髪ねぎ、玉ねぎ、唐辛子を炒める。

4 白髪ねぎと玉ねぎがしんなりしたら、【鶏だし】を加えて甘みが出るよう、軽く煮る。茹で上がったパスタを入れてからめる。

5 粉チーズをふり、細かく刻んだイタリアンパセリと和える。

コツ

白髪ねぎ　白髪ねぎは、青ねぎよりも香りが控えめでシャキッとした食感が心地よい薬味となる。長ねぎの白い部分だけ使う。

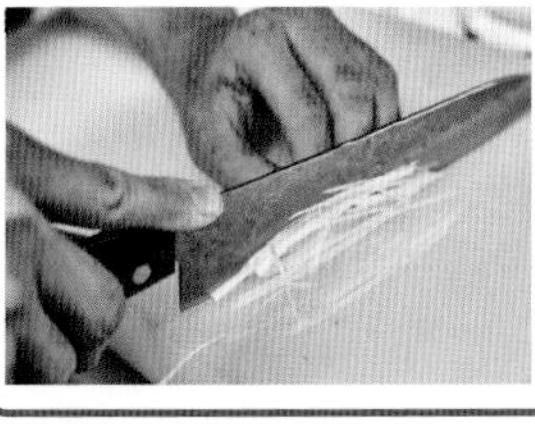

1 白い部分を5～6cm長さに切り、繊維に沿って縦に切り込みを入れる。 ›

2 ねぎの芯は取り除き、白い部分をまな板の上に広げ、繊維に沿って端から千切りにする。 ›

3 ボウルに水を入れ、2のねぎを5～10分ほどさらす。さらした後は水気をしっかりときる。

お手軽なラグーソースは太めのパスタに合わせてもOK

ラグーとは〝肉や野菜、魚介類などを小さく切ってじっくり煮込んだ料理〟という意味。ここでは煮込まず、短時間でできる〝依田流簡単ラグーレシピ〟です。

コツ ガーリックオイルをつくる

1 にんにく（2株分）は皮付きのまま横半分に切る。

2 鍋にオリーブオイル（2と1/2カップ）を入れて弱火にかけ、1を加えて2時間煮る。
火を止めて、そのまままひと晩おく。

3 にんにくを取り出し、オイルのみを軽く温めたら、キッチンペーパーをしいたザルでこす。粗熱がとれたら煮沸した容器に入れる。

◎冷蔵庫で1カ月ほど保存可能

鶏だし

牛挽肉&きのこのパスタ

◎材料（1皿分）

鶏だし……………………………60〜70mℓ
パスタ(茹で上がったもの) ………60g
牛挽肉 ……………………………50g
塩……………………………… 適量
胡椒……………………………… 適量
きのこ（好みのものを数種類）…30〜40g
ガーリックオイル……………… 小さじ1
にんにく（みじん切り） …………… 1g
玉ねぎ（スライス）……………… 適量
オリーブオイル ……………… 適量
イタリアンパセリ ……………… 適量
ローズマリー ……… 1/5本(先端部分)

◎つくり方

1 P91の手順でパスタを茹でる。

2 きのこは細かく刻む。
牛挽肉は塩、胡椒で下味をつける。

3 フライパンでガーリックオイルを熱し、きのこを炒めて塩ひとつまみを加える。

4 別のフライパンに、にんにく、玉ねぎを、ローズマリー、オリーブオイルで炒める。

5 玉ねぎがしんなりしたら牛挽肉、3のきのこ、【鶏だし】を加えて混ぜ合わせる。

6 牛挽肉に火が通り、全体がなじんだら、茹で上がったパスタを入れ、細かく刻んだイタリアンパセリを加えてよく和える。

生のトマトとバジルならではの
香りもごちそう！

鶏だし

フレッシュさ満載！
トマトバジルパスタ

◎材料（１皿分）

鶏だし	60〜70mℓ
パスタ(茹で上がったもの)	60g
ミニトマト	4個
バジル	4〜5枚
にんにく	1/2片
塩	適量
黒胡椒	適量
オリーブオイル	適量

◎つくり方

1 P91の手順でパスタを茹でる。

2 フライパンでオリーブオイルを熱し、黒胡椒、半分に切ったミニトマト、バジル1本（葉も茎も）を軽く炒める。

3 【鶏だし】と、皮をむき、カットしたにんにく、塩を加える。全体がなじんだら、バジルを取り出す。

4 茹で上がったパスタ、残りのバジルの葉を3に加えて和える。

2

トマトは加熱することで、旨みがギュッと凝縮。パスタのおいしさの要に。

4

パスタと和える際のバジルは葉のみを使う。

柚子香る、和風なようでイタリアンなパスタ

鶏だし

ベーコンとしめじ 柚子の香り漂うパスタ

◎材料（1皿分）

鶏だし……………………………… 60〜70mℓ
パスタ(茹で上がったもの) ………… 60g
ベーコン(塊) ………………………… 30g
しめじ………………………………… 40g
にんにく(みじん切り) ……………… 1g
イタリアンパセリ …………………… 適量
柚子(皮)……………………………… 適量
唐辛子(粉)………………………… お好みで
サラダ油 …………………………… 適量

◎つくり方

1 P91の手順でパスタを茹でる。石突を取り、小房に分けたしめじを1分ほど下茹でする。

2 フライパンでサラダ油を熱し、1cm幅ほどの細切り（拍子木切り）にしたベーコンを焼く。

3 ベーコンがこんがり焼けたら、にんにくを加え軽く炒める。にんにくの香りが立ってきたら、【鶏だし】、しめじの順に加えてなじませる。

4 細かく刻んだイタリアンパセリを入れて、茹で上がったパスタとよく和える。

5 火を止め、仕上げに柚子の皮を削りかける。お好みで唐辛子をふってもよい。

ベーコンの表面にしっかりと焼き色がつくようにする。焼き目(焦げ目) もおいしさのひとつです。

鶏だし

ちょっぴりオトナのナポリタン

◎材料（1皿分）

鶏だし………………………… 60〜70mℓ
パスタ(茹で上がったもの) ………… 60g
アボカド ……………………………… 20g
ソーセージ …………………………… 2本
玉ねぎ（スライス） …………………… 10g
ピーマン ……………………………… 20g
粉チーズ ……………………………… 8g
黒胡椒………………………………… 適量
オリーブオイル ………………… 大さじ2

◎つくり方

1 P91の手順でパスタを茹でる。
アボカドは皮をむき、うすくスライス、ソーセージは斜め薄切りに、玉ねぎはスライス、ピーマンは細切りにする。

2 フライパンでオリーブオイルを熱し、玉ねぎを炒め、玉ねぎの香りが出てきたらソーセージ、ピーマンを加えて焼く。

3 全体がなじんだら、アボカド、【鶏だし】を加えて、ひと煮立ちさせる。

4 茹で上がったパスタを加えて全体を混ぜ合わせ、仕上げに粉チーズと黒胡椒を和える。

コツ

“緑”を演出するのはアボカド！アボカドならではのクリーミーさでしっとりまとまる。

3

【鶏だし】の旨みがアボカドのまろやかさをさらに引き立てる。アボカドが崩れすぎないよう注意して。

アボカドを主役にした、赤くない……〝緑〟のナポリタン！

パスタに、ディップに……とあれこれ応用できる万能アイテム「バジルペースト」をつくろう

フレッシュなバジルの香りをそのまま封じ込めたような、さやわかな味わいの「バジルペースト」。

市販のバジルペーストを活用するのもいいですが、やはり手づくりは別格のおいしさです。

ここでは、手軽にお試しいただける「バジルペースト」のつくり方をご紹介しましょう。

パスタをはじめ、魚、肉、さまざまなお料理との相性バツグンです。

1　バジルの葉をちぎる。

◎材料（つくりやすい分量）

バジル（葉）……………………………50g
オリーブオイル　………………　90mℓ
粉チーズ…………………………………10g
にんにく（みじん切り）………小さじ1

2 フライパンで湯（分量外）を沸かし、バジルを20秒ほど、さっと湯通しする。

3 湯通ししたらすぐに氷水にとり、バジルを冷やす。粗熱がとれたらキッチンペーパーなどで水気をよくふき取る。

4 3を細かく刻み、オリーブオイル、粉チーズ、にんにくとともにミキサーにかける。

5 なめらかなペースト状になったら完成。

バジルペーストの保存

冷蔵

●煮沸消毒した容器（瓶がオススメ）に入れて、冷蔵庫で3日間程度。使うたびに、バジルペーストの上面をラップでピッタリと覆うと鮮度を保つことができる。

冷凍

●密閉袋に入れて1カ月ほど保存可能。

あさりだし

太刀魚のバジリコパスタ

◎**材料(1皿分)**

あさりだし …………………… 60〜70mℓ
パスタ(茹で上がったもの) ………… 60g
太刀魚(切り身) ……………………… 30g
塩……………………………………… 適量
さやいんげん ……………………… 1〜2本
玉ねぎ（スライス）………………… 5g
じゃがいも（1cm角に切る）…… 大さじ1
バジルペースト
（P104参照･市販品でも可）…… 大さじ1
にんにく（みじん切り）…………… 適量
オリーブオイル …………………… 適量

◎**つくり方**

1 P91の手順でパスタを茹でる。

2 太刀魚にまんべんなく塩をふり、1cm幅ほどの長さに切る。さやいんげんは下茹でし、両端を切り、4等分に。じゃがいもは1cm角のサイコロ状に切り、下茹でする。

3 フライパンでオリーブオイルとにんにくを熱し、玉ねぎを炒める。玉ねぎがしんなりしたら【あさりだし】を加える。

4 ひと煮立ちしたら、さやいんげん、太刀魚を加えて軽く混ぜる。

5 さらに、じゃがいもを加え全体がなじんだら、バジルペーストを入れて、さらに混ぜ合わせる。

6 茹で上がったパスタを加え、軽く和える。

刺身用の新鮮な太刀魚は、だしが温まったタイミングで入れる。

バジルペーストは仕上げに！

【あさりだし】と
お手製バジルペーストのコンビで
リピート必至のさわやかパスタ

あさりだし

エビとキャベツのぷりっとパスタ

◎材料（1皿分）

あさりだし …………………… 60〜70mℓ
パスタ(茹で上がったもの) ………… 60g
エビ(むき身) …………………… 6尾程度
塩……………………………………… 適量
キャベツ ………………………… 2枚程度
にんにく（みじん切り） ………………… 1g
オリーブオイル ……………………… 適量
イタリアンパセリ …………………… 適量
レモン(皮) ………………………… 適量

◎つくり方

1 P91の手順でパスタを茹でる。
キャベツはひと口大にちぎって、パスタの茹で汁で30秒茹でる。

2 フライパンでオリーブオイル、にんにくを入れて熱し、にんにくの香りが立ってきたら、エビを加えて塩をふり炒める。

3 エビの色が変わってきたら、細かく刻んだイタリアンパセリ、【あさりだし】を加え、なじませる。

4 キャベツを加えよく和えたら、レモンの皮を削りかける。

5 茹で上がったパスタを加えて、さっとからめる。

エビと【あさりだし】は抜群のデュオ。だしのおいしさをたっぷり、エビに染み込ませるとGOOD!

パスタと和える直前に、レモンの皮を削る。いただく直前に追加で削りかけてもよい。

さまざまな歯応えを楽しむ、
だしの風味を
ほどよくまとった、
さっぱりパスタ

あさりだし

カマスとオクラのレモンパスタ

◎材料(1皿分)

あさりだし ……………………… 60〜70mℓ
パスタ(茹で上がったもの) ………… 60g
カマス(切り身) …………………… 30g
塩……………………………………… 適量
オクラ ……………………………… 1〜2本
にんにく(みじん切り) ……………… 1g
オリーブオイル …………………… 適量
イタリアンパセリ ………………… 適量
レモン(皮) ………………………… 適量

◎つくり方

1 P91の手順でパスタを茹でる。

2 オクラは斜め薄切りにする。カマスは食べやすい大きさに切り、塩を軽くふる。

3 フライパンでオリーブオイルを熱し、にんにく、細かく刻んだイタリアンパセリ、オクラを入れて火にかける。香りが出てきたら、【あさりだし】を加えてさらに火にかける。

4 オクラがしなってきたら、カマスを加えて火を入れる。カマスが白くなってきたら、レモンの皮を削りかけ、全体をなじませる。

5 茹で上がったパスタを加え、軽く和える。

塩は、カマスの全面にまぶす。

盛り付ける際は、パスタ、具の順番で。好みでさらにレモンの皮を削りかけてもよい。

カマスのやわらかな食感と ほのかに感じる甘みをいかした、清々しいパスタ

あさりだし

しらすの冷製パスタ

◎材料(１皿分)

あさりだし	30〜40mℓ
パスタ(カッペリーニ)	10g
しらす (茹でたもの)	35g
青ねぎ	適量
塩	適量

◎つくり方

1 鍋にたっぷりの湯を沸かし、適量の塩を入れ、カッペリーニを3分茹でる。すぐに氷水で冷やし、キッチンペーパーなどでしっかりと水気をきる。

2 ボウルにカッペリーニと【あさりだし】を入れ、よく和える。

3 器に盛り、しらすをのせ、小口切りにした青ねぎをちらす。

1

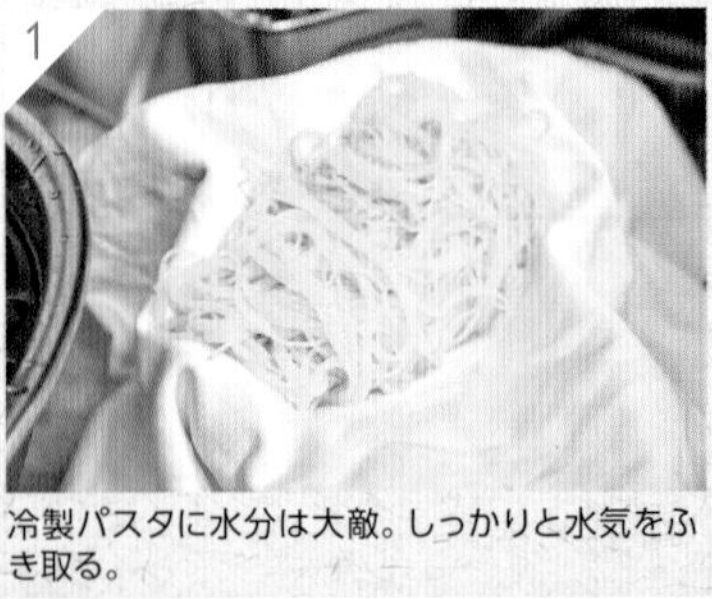

冷製パスタに水分は大敵。しっかりと水気をふき取る。

3

市販の茹でしらすには、塩分が入っていることが多いので味見をして、好みで調味を。

冷たいパスタには細い麺を。
おつまみ感覚でチュルンとどうぞ

あさりだし

牡蠣と春菊のパスタ

◎材料（1皿分）

あさりだし …………………… 50〜60mℓ
パスタ(茹で上がったもの) ………… 60g
牡蠣(生食用) …………………… 10粒程度
塩 ………………………………… 小さじ1
春菊 ……………………………… 1〜2本
にんにく ………………………… 1g
オリーブオイル ………………… 適量

◎つくり方

1 P91の手順でパスタを茹でる。

2 牡蠣は流水で洗い、ザルに上げて水気をきる。春菊は、葉を1cm幅程度、茎を5mm幅程度に切る。

3 フライパンでオリーブオイル、にんにくを熱し、にんにくの香りが立ってきたら、春菊の茎を加えてひと煮立ちさせる。

4 【あさりだし】、牡蠣を加えてよく炒め、牡蠣に火が入ったら、春菊の葉を加えて全体をなじませる。

5 茹で上がったパスタを加え、さっと和える。味見をして、塩で味を調える。

牡蠣の火入れ具合が悩ましいが、生食用なので、それほど心配する必要はない。

牡蠣と春菊のほろ苦さで大人の味に

洋風だしの
リゾット

お米に【洋風だし】の
おいしさを含ませてつくる
リゾット。

「パスタ同様、
リゾットもシンプルがいちばん。
おいしくつくるコツは？」

日本人とおなじように、イタリア人でも"米"をよく食べます。その代表がリゾットです。でも、「パラリとならない」「おじやのようにモッタリとしてしまう」など、ご家庭でリゾットをつくると上手にできない、というお悩みをよく聞きます。そうなってしまう理由のひとつが「米」です。じつはイタリアと日本とでは、米の品種が違い、イタリアの米は粘りが少なく粒の大きい品種（カルナローリ種など）で、"芯の歯応え"があるリゾットに適したお米です。

うちのレストランでも、イタリアのお米を選び、本場以上のおいしいリゾットを提供しています。できることなら、イタリア米を使って日本の米とは異なる魅惑の味わいを知ってほしい！　と思いますが、ここでは日本の米でも、リゾットを上手に炊けるコツを伝授しましょう。

第一に、「米は洗わない」こと。米は洗うと水分を吸収しやすくなり、粘りが出てしまいます。洗わないことで、オリーブオイルが一粒一粒をコーティングするのです。なお、新米の場合はべたつきやすいので、レシピで定められた時間より3分ほど早く仕上げるようにしましょう。

第二に「温度を下げない」こと。温度が下がると、でんぷん質が変化して糊化するので、炊くための**【洋風だし】**は事前に温めておくといいでしょう。

第三に「混ぜすぎない」こと。米が割れて粘りが出てしまう原因になりがちです。

私がオススメする「イタリア米」は混ぜ続けることがおいしさの要となります。これらをマスターして、**【洋風だし】**のおいしさを吸収したリゾットにトライしましょう。

依田流

"おうちリゾット"を成功させる3つのコツ

1 生米を使う（米は洗わない）

粘りはリゾットの大敵。芯の歯応えを遺す"アル・デンテ"がGOOD！ できることなら、粘りの少ない品種を選びたい。日本の米よりもイタリア米がオススメです。

2 温度を下げない

米を粘化させないよう、火にかけている間はつねにお米が水分でひたひたになっている状態をキープ。そのためにも継ぎ足し用の「湯」を用意しておく。

3 日本の米は混ぜない、イタリアの米は混ぜる

日本米は、焦げない程度に混ぜるのみ。頻度が高いと米が傷つき、崩れてしまうので、なるべく混ぜないように。イタリア米はよく混ぜることが必須。オリーブオイルと米から出るわずかな粘りを乳化させるようにしてしっかり混ぜよう。

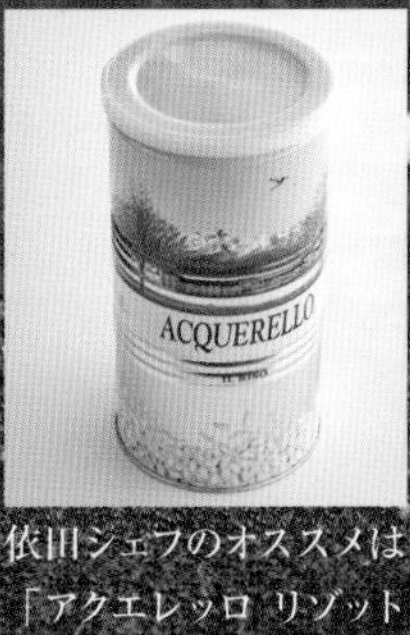

依田シェフのオススメは「アクエレッロ リゾット米（1年熟成）」。ネット通販で入手できます。

【洋風だし】のおいしさを堪能するための

リゾットレシピ
基本の「き」

具を入れない、
チーズだけのリゾットは、
日本の〝素うどん〟のように、
【だし】が決め手に。
ここでは、旨みを補強する
【鶏だし】を使い、
米が煮崩れぬよう、進めましょう。
いつものオリーブオイルと
粉チーズもいいですが、
ちょっとよいオリーブオイルと、
よいチーズを削り下ろして、
いっそう味わい深く。

1

米がオリーブオイルでコーティングされるようなイメージで炒める。

2

【鶏だし】を加えた直後は、米同士がくっつくことはないので、それほど米を混ぜる必要はない。

イタリアのリゾットの基本
——「チーズリゾット」

◎材料（1皿分）

鶏だし……………………… 180mℓ程度
湯……………………………… 適宜
米（できればイタリア米） …………70g
玉ねぎ（みじん切り）…………小さじ2
白ワイン … 大さじ1（ひとまわし程度）
塩…………………………ひとつまみ
オリーブオイル ………………… 適量
粉チーズ ………………………… 適量

◎つくり方

1 フライパンでオリーブオイルを熱し、玉ねぎを炒める。香りが立ってきたら米を入れてオリーブオイルとなじませるように炒める。

2 玉ねぎに火が通ったら、米がかぶる程度まで、【鶏だし】、白ワインを注ぎ、塩を加える。弱火にして17分ほど炊く（日本の米の場合は14分炊く）。

3 煮詰まりそうになったら、湯または【鶏だし】（味見をして好みで調整を）を少量ずつ加え、静かに混ぜながら炊き続ける。

4 オリーブオイルも加えつつ、乳化させながら炊き上げ、仕上げに粉チーズを入れ、混ぜ合わせる。

フライパンの中は、つねに“軽く沸騰”している程度を保つ。

混ぜすぎると、米が割れて粘りが出てしまうので気をつけて。

乳化（全体がまとまる状態）させるために、空気を含ませるようにふわっと混ぜる。

あさりだし

桜エビのリゾット

◎材料（1皿分）

あさりだし …………………………… 360mℓ
湯…………………………………… 240mℓ
米（できればイタリア米） ……………………… 60g
桜エビ……………………………………… 25g
玉ねぎ（スライス） ………………………… 5g
小松菜……………………………………… 10g
白ワイン ………………………………… 小さじ1
にんにく（みじん切り） …………………… 1g
オリーブオイル …………………………… 適量
バター ……………………………………… 10g

◎つくり方

1 フライパンにオリーブオイルを熱し、にんにく、桜エビを軽く炒める。香りが出てきたら、桜エビは取り出す。

2 小松菜は洗い、根元を切り落として1cm幅に切る。

3 1のフライパンに玉ねぎを入れ、しんなりするまで炒めたら米を加える。米と1のオイルがなじんだら、白ワイン、【あさりだし】60mℓを加えて15分炊く（日本の米の場合は11分炊く）。

4 11分経ったら（日本の米の場合は8分経ったら）、桜エビを戻し入れて軽く和え、さらに小松菜を加える。味見をして、複数回、湯と【あさりだし】で調えながら炊き続ける。
＊目安としては、湯を4回、【あさりだし】を6回前後に分けて入れる。

5 15分経ったら（日本の米の場合は11分経ったら）、火から下ろして、バターを入れてよく和える。

4

桜エビを加えたら、さっと合わせそのまま火にかける。

コツ

【あさりだし】と湯の関係

【あさりだし】は煮詰まると塩分が濃くなるため、適宜、湯と【あさりだし】を交互に加えて調整するとよい。

ふわっと甘く口の中で
ほどける桜エビを堪能

缶詰利用で、
いっそう手軽においしく！

鶏だし

ツナとコーンのリゾット

◎材料（1皿分）

鶏だし……………………………200mℓ程度
米（できればイタリア米）……………60g
ツナ（缶詰）…………………………………25g
コーン（缶詰※ホールタイプ）……………25g
湯………………………………………………適量
玉ねぎ（スライス）…………………………5g
オリーブオイル……………………大さじ1
白ワイン……………………………小さじ1
塩………………………………………ひとつまみ
粉チーズ………………………………………4g

◎つくり方

1 ツナとコーンはそれぞれザルに上げて、具と汁とを分けておく。
＊缶詰の汁は使わない。

2 フライパンでオリーブオイル小さじ1を熱し、玉ねぎを炒める。玉ねぎがしんなりしたら、米を加え、オリーブオイルとなじませるように炒める。

3 白ワイン、【鶏だし】、塩を加えて15分炊く（日本の米の場合は11分炊く）。
※煮詰まりそうになったら、湯を加えて調整する。

4 10分経ったところで（日本の米の場合は6分経ったところで）、ツナを加える。炊きはじめから15分（日本の米の場合は11分）経ったら、火からおろし、コーンと粉チーズ、残りのオリーブオイルを加えて、軽く和える。

粉チーズは風味が消えないよう、火を止めてから加える。

これからも「洋風だしライフ」を。

ふたつの洋風だし【あさりだし】と【鶏だし】で もっとおいしく、楽しい毎日に！

「洋風だし」のなかでも
【あさりだし】と【鶏だし】を主役にしたレシピ集、
いかがでしたか？
それぞれの魅力は伝わりましたか？

私がオーナーシェフをつとめる「イルマーレ」は、
小田原・早川漁港のすぐ目の前にあり、
毎日、新鮮な魚貝を扱い、
たくさんのお客さまたちにお料理をお出ししています。
つねに考えていることは、
よい食材から、いかにおいしさを引き出すことができるか。
その思いで、日々、厨房に立っています。

「いい素材をそのままシンプルに料理する」
これが昔もいまも変わらない、私の料理の基本です。

今回ご紹介した【洋風だし】を使う料理レシピは、
まさに、素材そのもののおいしさを引き出すものばかり。

【あさり】と【鶏】の旨みを
ぎゅっと封じ込めた、ふたつの【洋風だし】は、
私のレシピだけでなく、いろいろなお料理に活用できます。
みなさんが、【洋風だし】を日常に活用して、
たくさんの〝おいしい〟を発見してくださることを願っています。

そんな〝おいしい〟を見つけに、
私の店にも遊びにきてください。
素材のおいしさの、その先を、お伝えできると思います。

依田隆

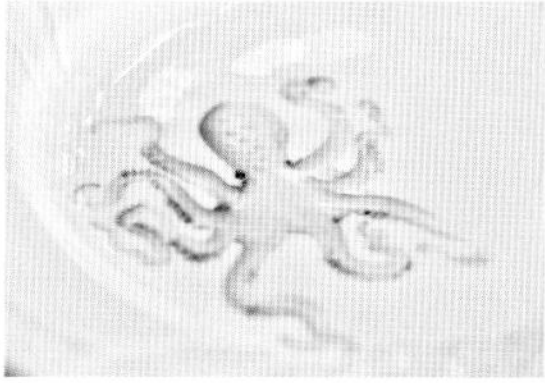

日本でいちばん、漁港に近いレストラン

イルマーレ

神奈川県小田原市早川1-11-6
TEL.0465-24-1510
営業時間／12時〜14時(最終ご入店時間)、18時〜20時30分(最終ご入店時間)
定休日／月曜(ただし祝日の場合は営業。翌火曜休業)
アクセス／東海道本線早川駅より徒歩３分。東海道本線・小田急線小田原駅よりクルマで約８分。
https://www.il-mare.co.jp/

ショップ

◎マーレデリ京王百貨店新宿店
東京都新宿区西新宿1-1-4
TEL.03-3342-2111（代表）

◎ポルタ イルマーレ ヴィーアそごう横浜店
神奈川県横浜市西区高島2-18-1
TEL.045-455-2111（代表）

＊営業時間・定休日はいずれも百貨店に準じる

著者紹介

依田 隆（よだ・たかし）

イルマーレ　オーナーシェフ
1970年、埼玉県生まれ。海のない県で育ちながらも現在“魚介類しか出さないレストラン”のオーナーシェフ。
26歳で料理の道に入り、国内で修業ののちイタリアへ。帰国後、イタリア料理店で研鑽を積み、神奈川県小田原市に移住、2006年、小田原・早川漁港（小田原漁港）の目の前に自身のレストラン「イルマーレ」をオープン。小田原ならではの魚介類と野菜をいかしたオリジナリティあふれる料理を提案している。
昨今はJR東日本が運行する周遊型寝台列車「TRAIN SUITE四季島」の料理人としても活躍。著書多数。

調理助手	小神野竜成（イルマーレ）
撮影	寺澤太郎
装丁・デザイン	小柳英隆（雷伝舎）
編集協力	ひさだひさ
校正	聚珍社

ちょっとていねい、すごくおいしい
洋風《ようふう》だしレシピ　〈検印省略〉

2023年　3月31日　第1刷発行

著　者――依田 隆（よだ・たかし）
発行者――田賀井 弘毅

発行所――株式会社あさ出版
〒171-0022 東京都豊島区南池袋2-9-9 第一池袋ホワイトビル6F
電　話　03（3983）3225（販売）
03（3983）3227（編集）
F A X　03（3983）3226
U R L　http://www.asa21.com/
E-mail　info@asa21.com
印刷・製本　（株）光邦

note　http://note.com/asapublishing/
facebook　http://www.facebook.com/asapublishing
twitter　http://twitter.com/asapublishing

©Takashi Yoda 2023 Printed in Japan

ISBN978-4-86667-496-4 C2077

本書を無断で複写複製（電子化を含む）することは、著作権法上の例外を除き、禁じられています。また、本書を代行業者等の第三者に依頼してスキャンやデジタル化することは、たとえ個人や家庭内の利用であっても一切認められていません。乱丁本・落丁本はお取替え致します。